TRANZLATY

La lingua è per tutti

Язык для всех

Il richiamo della foresta

Зов предков

Jack London
Джек Лондон

Italiano / Русский

Nel primitivo
В первобытный мир

Buck non leggeva i giornali.
Бак не читал газет.

Se avesse letto i giornali avrebbe saputo che i guai si stavano avvicinando.
Если бы он читал газеты, он бы знал, что назревают неприятности.

Non erano guai solo per lui, ma per tutti i cani da caccia.
Беда была не только у него, но и у всех собак, живущих в приливной воде.

Ogni cane con muscoli forti e pelo lungo e caldo sarebbe stato nei guai.
Каждая собака с сильной мускулатурой и теплой длинной шерстью могла попасть в беду.

Da Puget Bay a San Diego nessun cane poteva sfuggire a ciò che stava per accadere.
От залива Пьюджет до Сан-Диего ни одна собака не могла избежать надвигающейся опасности.

Gli uomini, brancolando nell'oscurità artica, avevano trovato un metallo giallo.
Люди, пробиравшиеся ощупью в арктической тьме, нашли желтый металл.

Le compagnie di navigazione a vapore e di trasporto erano alla ricerca della scoperta.
За открытием охотились пароходные и транспортные компании.

Migliaia di uomini si riversarono nel Nord.
Тысячи людей устремились в Северную страну.

Questi uomini volevano dei cani, e i cani che volevano erano cani pesanti.
Этим людям нужны были собаки, и собаки, которых они хотели, были тяжелыми.

Cani dotati di muscoli forti per lavorare duro.
Собаки с сильными мышцами, способные трудиться.

Cani con il pelo folto che li protegge dal gelo.

Собаки с пушистой шерстью, защищающей их от мороза.

Buck viveva in una grande casa nella soleggiata Santa Clara Valley.
Бак жил в большом доме в залитой солнцем долине Санта-Клара.

La casa del giudice Miller era chiamata così.
Местонахождение судьи Миллера, его дом назывался.

La sua casa era nascosta tra gli alberi, lontana dalla strada.
Его дом стоял в стороне от дороги, наполовину скрытый среди деревьев.

Si poteva intravedere l'ampia veranda che circondava la casa.
Можно было увидеть широкую веранду, идущую вокруг дома.

Si accedeva alla casa tramite vialetti ghiaiosi.
К дому вели подъездные пути, посыпанные гравием.

I sentieri si snodavano attraverso ampi prati.
Дорожки вились среди широких газонов.

In alto si intrecciavano i rami degli alti pioppi.
Над головой переплетались ветви высоких тополей.

Nella parte posteriore della casa le cose erano ancora più spaziose.
В задней части дома дела обстояли еще просторнее.

C'erano grandi scuderie, dove una dozzina di stallieri chiacchieravano
Там были большие конюшни, где болтали дюжина конюхов.

C'erano file di cottage per i servi ricoperti di vite
Там были ряды домиков слуг, увитых виноградной лозой.

E c'era una serie infinita e ordinata di latrine
И там был бесконечный и упорядоченный ряд туалетов.

Lunghi pergolati d'uva, pascoli verdi, frutteti e campi di bacche.
Длинные виноградные беседки, зеленые пастбища, фруктовые сады и ягодные грядки.

Poi c'era l'impianto di pompaggio per il pozzo artesiano.
Затем была насосная станция для артезианской скважины.

E c'era la grande cisterna di cemento piena d'acqua.

А еще там был большой цементный бак, наполненный · водой.

Qui i ragazzi del giudice Miller hanno fatto il loro tuffo mattutino.

Здесь сыновья судьи Миллера совершили утреннее погружение.

E lì si rinfrescavano anche nel caldo pomeriggio.

И они там же охлаждались в жаркий полдень.

E su questo grande dominio, Buck era colui che lo governava tutto.

И всем этим огромным владением правил Бак.

Buck nacque su questa terra e visse qui tutti i suoi quattro anni.

Бак родился на этой земле и прожил здесь все четыре года своей жизни.

C'erano effettivamente altri cani, ma non avevano molta importanza.

Конечно, были и другие собаки, но они не имели особого значения.

In un posto vasto come questo ci si aspettava la presenza di altri cani.

В таком большом месте, как это, ожидалось присутствие и других собак.

Questi cani andavano e venivano oppure vivevano nei canili affollati.

Эти собаки приходили и уходили или жили в оживленных питомниках.

Alcuni cani vivevano nascosti in casa, come Toots e Ysabel.

Некоторые собаки жили в доме, прячась, как, например, Тутс и Изабель.

Toots era un carlino giapponese, Ysabel una cagnolina messicana senza pelo.

Тутс был японским мопсом, Изабель — мексиканской голой собакой.

Queste strane creature raramente uscivano di casa.

Эти странные существа редко выходили из дома.

Non toccarono terra né annusarono l'aria esterna.

Они не касались земли и не нюхали воздух снаружи.

C'erano anche i fox terrier, almeno una ventina.

Были еще фокстерьеры, числом не менее двадцати.

Questi terrier abbaiavano ferocemente a Toots e Ysabel in casa.

Эти терьеры яростно лаяли на Тутса и Изабель в помещении.

Toots e Ysabel rimasero dietro le finestre, al sicuro da ogni pericolo.

Тутс и Изабель спрятались за окнами, в безопасности.

Erano sorvegliati da domestiche armate di scope e stracci.

Их охраняли горничные с метлами и швабрами.

Ma Buck non era un cane da casa e nemmeno da canile.

Но Бак не был домашней собакой, но и не был собакой, живущей в вольере.

L'intera proprietà apparteneva a Buck come suo legittimo regno.

Вся собственность принадлежала Бак по праву.

Buck nuotava nella vasca o andava a caccia con i figli del giudice.

Бэк плавал в резервуаре или ходил на охоту с сыновьями судьи.

Camminava con Mollie e Alice nelle prime ore del mattino o tardi.

Он гулял с Молли и Элис рано утром или поздно вечером.

Nelle notti fredde si sdraiava davanti al fuoco della biblioteca insieme al giudice.

Холодными ночами он лежал у камина в библиотеке вместе с судьей.

Buck accompagnava i nipoti del giudice sulla sua robusta schiena.

Бак катал внуков судьи на своей сильной спине.

Si rotolava nell'erba insieme ai ragazzi, sorvegliandoli da vicino.

Он катался по траве вместе с мальчиками, внимательно следя за ними.

Si avventurarono fino alla fontana e addirittura oltre i campi di bacche.

Они дошли до фонтана и даже прошли мимо ягодных полей.

Tra i fox terrier, Buck camminava sempre con orgoglio regale.

Среди фокстерьеров Бак всегда ходил с королевской гордостью.

Ignorò Toots e Ysabel, trattandoli come se fossero aria.

Он игнорировал Тутса и Изабель, обращаясь с ними так, словно они были воздухом.

Buck governava tutte le creature viventi sulla terra del giudice Miller.

Бэк правил всеми живыми существами на земле судьи Миллера.

Dominava gli animali, gli insetti, gli uccelli e perfino gli esseri umani.

Он правил животными, насекомыми, птицами и даже людьми.

Il padre di Buck, Elmo, era un enorme e fedele San Bernardo.

Отец Бака, Элмо, был огромным и преданным сенбернаром.

Elmo non si allontanò mai dal Giudice e lo servì fedelmente.

Элмо никогда не покидал судью и служил ему верой и правдой.

Buck sembrava pronto a seguire il nobile esempio del padre.

Бак, казалось, был готов последовать благородному примеру своего отца.

Buck non era altrettanto grande: pesava sessanta chili.

Бак был не таким уж большим, весил сто сорок фунтов.

Sua madre, Shep, era una splendida cagnolina da pastore scozzese.

Его мать, Шеп, была прекрасной шотландской овчаркой.

Ma nonostante il suo peso, Buck camminava con una presenza regale.

Но даже при таком весе Бак шел с королевской осанкой.

**Ciò derivava dal buon cibo e dal rispetto che riceveva
sempre.**

Это было достигнуто благодаря хорошей еде и уважению,
которое он всегда получал.

Per quattro anni Buck aveva vissuto come un nobile viziato.

Четыре года Бак жил как избалованный дворянин.

Era orgoglioso di sé stesso e perfino un po' egocentrico.

Он был горд собой и даже немного эгоистичен.

**Quel tipo di orgoglio era comune tra i signori delle
campagne remote.**

Подобная гордость была обычным явлением среди лордов
отдаленных деревень.

Ma Buck si salvò dal diventare un cane domestico viziato.

Но Бак спас себя от превращения в избалованную
домашнюю собаку.

Rimase snello e forte grazie alla caccia e all'esercizio fisico.

Он оставался стройным и сильным благодаря охоте и
физическим упражнениям.

**Amava profondamente l'acqua, come chi si bagna nei laghi
freddi.**

Он очень любил воду, как люди, купающиеся в холодных
озерах.

Questo amore per l'acqua mantenne Buck forte e molto sano.

Эта любовь к воде помогла Бак оставаться сильным и
очень здоровым.

**Questo era il cane che Buck era diventato nell'autunno del
1897.**

Именно такой собакой стал Бак осенью 1897 года.

**Quando lo sciopero del Klondike spinse gli uomini verso il
gelido Nord.**

Когда забастовка на Клондайке затянула людей на
холодный Север.

**Da ogni parte del mondo la gente accorse in massa verso la
fredda terra.**

Люди со всего мира устремились в эти холодные края.

Buck, tuttavia, non leggeva i giornali e non capiva le notizie.

Однако Бак не читал газет и не понимал новостей.

Non sapeva che Manuel fosse una persona cattiva con cui stare.

Он не знал, что Мануэль был плохим человеком.

Manuel, che aiutava in giardino, aveva un grosso problema.

У Мануэля, помогавшего в саду, была серьезная проблема.

Manuel era dipendente dal gioco d'azzardo alla lotteria cinese.

Мануэль пристрастился к азартным играм в китайской лотерее.

Credeva fermamente anche in un sistema fisso per vincere.

Он также твердо верил в фиксированную систему победы.

Questa convinzione rese il suo fallimento certo e inevitabile.

Эта вера сделала его неудачу неизбежной и неизбежной.

Per giocare con un sistema erano necessari soldi, soldi che a Manuel mancavano.

Игра по системе требует денег, которых у Мануэля не было.

Il suo stipendio bastava a malapena a sostenere la moglie e i numerosi figli.

Его зарплаты едва хватало на содержание жены и многочисленных детей.

La notte in cui Manuel tradì Buck, tutto era normale.

В ту ночь, когда Мануэль предал Бака, все было нормально.

Il giudice si trovava a una riunione dell'Associazione dei coltivatori di uva passa.

Судья находился на собрании Ассоциации производителей изюма.

A quel tempo i figli del giudice erano impegnati a fondare un club sportivo.

Сыновья судьи в то время были заняты созданием спортивного клуба.

Nessuno vide Manuel e Buck uscire dal frutteto.

Никто не видел, как Мануэль и Бак уходили через сад.

Buck pensava che questa fosse solo una semplice passeggiata notturna.

Бак думал, что эта прогулка — просто ночная прогулка.

Incontrarono un solo uomo alla stazione della bandiera, a College Park.

На флагманской станции в Колледж-Парке они встретили только одного мужчину.

Quell'uomo parlò con Manuel e si scambiarono i soldi.

Этот человек поговорил с Мануэлем, и они обменялись деньгами.

"Imballa la merce prima di consegnarla", suggerì.

«Упакуйте товар перед доставкой», — посоветовал он.

La voce dell'uomo era roca e impaziente mentre parlava.

Голос мужчины был грубым и нетерпеливым.

Manuel legò con cura una corda spessa attorno al collo di Buck.

Мануэль осторожно обвязал шею Бака толстой верёвкой.

"Se giri la corda, lo strangolerai di brutto"

«Скрути верёвку, и ты его сильно задушишь»

Lo straniero emise un grugnito, dimostrando di aver capito bene.

Незнакомец хмыкнул, показывая, что он всё понял.

Quel giorno Buck accettò la corda con calma e silenziosa dignità.

В тот день Бак принял верёвку со спокойным и тихим достоинством.

Era un atto insolito, ma Buck si fidava degli uomini che conosceva.

Это был необычный поступок, но Бак доверял людям, которых знал.

Credeva che la loro saggezza andasse ben oltre il suo pensiero.

Он считал, что их мудрость намного превосходит его собственные мысли.

Ma poi la corda venne consegnata nelle mani dello straniero.

Но затем верёвка попала в руки незнакомца.

Buck emise un ringhio basso che suonava come un avvertimento e una minaccia silenziosa.

Бак издал низкий рык, в котором звучала тихая угроза.

Era orgoglioso e autoritario e intendeva mostrare il suo disappunto.

Он был горд и властен и хотел выразить свое недовольство.

Buck credeva che il suo avvertimento sarebbe stato interpretato come un ordine.

Бак считал, что его предупреждение будет воспринято как приказ.

Con suo grande stupore, la corda si strinse rapidamente attorno al suo grosso collo.

К его удивлению, веревка быстро затянулась вокруг его толстой шеи.

Gli mancò l'aria e cominciò a lottare in preda a una rabbia improvvisa.

Ему перекрыли доступ воздуха, и он начал драться в припадке внезапной ярости.

Si lanciò verso l'uomo, che si lanciò rapidamente contro Buck a mezz'aria.

Он прыгнул на человека, который тут же столкнулся с Баком в воздухе.

L'uomo afferrò Buck per la gola e lo fece ruotare abilmente in aria.

Мужчина схватил Бака за горло и ловко повернул его в воздухе.

Buck venne scaraventato a terra con violenza, atterrando sulla schiena.

Бака сильно швырнуло на землю, и он упал на спину.

La corda ora lo strangolava crudelmente mentre lui scalciava selvaggiamente.

Веревка теперь жестоко душила его, пока он яростно брыкался.

La sua lingua cadde fuori, il suo petto si sollevò, ma non riprese fiato.

Язык его вывалился, грудь вздымалась, но дыхания не было.

Non era mai stato trattato con tanta violenza in vita sua.

Никогда в жизни с ним не обращались с таким насилием.

Non era mai stato così profondamente invaso da una rabbia così profonda.

Никогда еще он не испытывал такой глубокой ярости.

Ma il potere di Buck svanì e i suoi occhi diventarono vitrei.

Но сила Бака угасла, а его глаза остекленели.

Svenne proprio mentre un treno veniva fermato lì vicino.

Он потерял сознание как раз в тот момент, когда неподалеку остановился поезд.

Poi i due uomini lo caricarono velocemente nel vagone bagagli.

Затем двое мужчин быстро закинули его в багажный вагон.

La cosa successiva che Buck sentì fu dolore alla lingua gonfia.

Следующее, что почувствовал Бак, была боль в распухшем языке.

Si muoveva su un carro traballante, solo vagamente cosciente.

Он двигался в трясущейся повозке, находясь лишь в смутном сознании.

Il fischio acuto di un treno rivelò a Buck la sua posizione.

Резкий свисток поезда подсказал Бак его местонахождение.

Aveva spesso cavalcato con il Giudice e conosceva quella sensazione.

Он часто ездил с судьей и знал это чувство.

Fu un'esperienza unica viaggiare di nuovo in un vagone bagagli.

Это было уникальное ощущение — снова ехать в багажном вагоне.

Buck aprì gli occhi e il suo sguardo ardeva di rabbia.

Бак открыл глаза, и взгляд его горел яростью.

Questa era l'ira di un re orgoglioso detronizzato.

Это был гнев гордого царя, свергнутого с трона.

Un uomo allungò la mano per afferrarlo, ma Buck colpì per primo.

Какой-то мужчина потянулся, чтобы схватить его, но Бак вместо этого нанес удар первым.

Affondò i denti nella mano dell'uomo e la strinse forte.

Он впился зубами в руку мужчины и крепко сжал ее.

Non mi lasciò andare finché non svenne per la seconda volta.

Он не отпускал меня, пока не потерял сознание во второй раз.

"Sì, ha degli attacchi", borbottò l'uomo al facchino.

«Да, у него припадки», — пробормотал мужчина носильщику багажа.

Il facchino aveva sentito la colluttazione e si era avvicinato.

Носильщик багажа услышал шум борьбы и подошел ближе.

"Lo porto a Frisco per conto del capo", spiegò l'uomo.

«Я везу его во Фриско к боссу», — объяснил мужчина.

"C'è un bravo dottore per cani che dice di poterli curare."

«Там есть замечательный собачий доктор, который говорит, что может их вылечить».

Più tardi quella notte l'uomo raccontò la sua versione completa.

Позже тем же вечером мужчина дал свой полный отчет.

Parlava da un capannone dietro un saloon sul molo.

Он говорил из сарая за салуном в доках.

"Mi hanno dato solo cinquanta dollari", si lamentò con il gestore del saloon.

«Мне дали всего пятьдесят долларов», — пожаловался он хозяину салуна.

"Non lo rifarei, nemmeno per mille dollari in contanti."

«Я бы не сделал этого снова, даже за тысячу наличными».

La sua mano destra era strettamente avvolta in un panno insanguinato.

Его правая рука была туго обмотана окровавленной тканью.

La gamba dei suoi pantaloni era completamente strappata dal ginocchio al piede.

Его штанина была разорвана от колена до ступни.

"Quanto è stato pagato l'altro tizio?" chiese il gestore del saloon.

«Сколько же заплатили тому, другому парню?» — спросил хозяин салуна.

«Cento», rispose l'uomo, «non ne accetterebbe uno in meno».

«Сто», — ответил мужчина, — «он не возьмет ни цента меньше».

"Questo fa centocinquanta", disse il gestore del saloon.

«Итого получается сто пятьдесят», — сказал хозяин салуна.

"E lui li merita tutti, altrimenti non sono meglio di uno stupido."

«И он стоит всего этого, иначе я не лучше болвана».

L'uomo aprì gli involucri per esaminarsi la mano.

Мужчина развернул обертку, чтобы осмотреть свою руку.

La mano era gravemente graffiata e ricoperta di croste di sangue secco.

Рука была сильно порвана и покрыта коркой засохшей крови.

"Se non mi viene l'idrofobia..." cominciò a dire.

«Если я не заболею водобоязнью…», — начал он.

"Sarà perché sei nato per impiccarti", giunse una risata.

«Это потому, что ты рожден, чтобы быть повешенным», — раздался смех.

"Aiutami prima di partire", gli chiesero.

«Помоги мне, прежде чем ты уйдешь», — попросили его.

Buck era stordito dal dolore alla lingua e alla gola.

Бак был в оцепенении от боли в языке и горле.

Era mezzo strangolato e riusciva a malapena a stare in piedi.

Он был полузадушен и едва мог стоять на ногах.

Ciononostante, Buck cercò di affrontare gli uomini che lo avevano ferito così duramente.

И все же Бак попытался встретиться с людьми, которые причинили ему столько боли.

Ma lo gettarono a terra e lo strangolarono ancora una volta.

Но они бросили его на землю и снова стали душить.

Solo allora riuscirono a segargli il pesante collare di ottone.

Только после этого они смогли снять с него тяжелый латунный ошейник.

Tolsero la corda e lo spinsero in una cassa.

Они сняли веревку и затолкали его в ящик.

La cassa era piccola e aveva la forma di una gabbia di ferro grezza.

Ящик был небольшим и по форме напоминал грубую железную клетку.

Buck rimase lì per tutta la notte, pieno di rabbia e di orgoglio ferito.

Бак пролежал там всю ночь, полный гнева и уязвленной гордости.

Non riusciva nemmeno a capire cosa gli stesse succedendo.

Он не мог понять, что с ним происходит.

Perché quegli strani uomini lo tenevano in quella piccola cassa?

Почему эти странные люди держали его в этом маленьком ящике?

Cosa volevano da lui e perché questa crudele prigionia?

Что они хотели от него и почему он оказался в таком жестоком плену?

Sentì una pressione oscura e la sensazione che il disastro si avvicinasse.

Он чувствовал темное давление, предчувствие приближающейся катастрофы.

Era una paura vaga, ma si impadronì pesantemente del suo spirito.

Это был смутный страх, но он глубоко засел в его душе.

Diverse volte sobbalzò quando la porta del capanno sbatteva.

Несколько раз он вскакивал, когда грохотала дверь сарая.

Si aspettava che il giudice o i ragazzi apparissero e lo salvassero.

Он ожидал, что судья или мальчики появятся и спасут его.

Ma ogni volta solo la faccia grassa del gestore del saloon faceva capolino all'interno.

Но каждый раз внутрь заглядывало только толстое лицо хозяина питейного заведения.

Il volto dell'uomo era illuminato dalla debole luce di una candela di sego.

Лицо мужчины освещал тусклый свет сальной свечи.

Ogni volta, il latrato gioioso di Buck si trasformava in un ringhio basso e arrabbiato.

Каждый раз радостный лай Бака сменялся тихим, сердитым рычанием.

Il gestore del saloon lo ha lasciato solo per la notte nella cassa

Хозяин салуна оставил его одного на ночь в ящике.

Ma quando si svegliò la mattina seguente, altri uomini stavano arrivando.

Но когда он проснулся утром, людей стало еще больше.

Arrivarono quattro uomini e, con cautela, sollevarono la cassa senza dire una parola.

Подошли четверо мужчин и осторожно подняли ящик, не сказав ни слова.

Buck capì subito in quale situazione si trovava.

Бак сразу понял, в какой ситуации он оказался.

Erano ulteriori tormentatori che doveva combattere e temere.

Они были новыми мучителями, с которыми ему приходилось бороться и которых он боялся.

Questi uomini apparivano malvagi, trasandati e molto mal curati.

Эти люди выглядели злыми, оборванными и очень неухоженными.

Buck ringhiò e si lanciò contro di loro con furia attraverso le sbarre.

Бак зарычал и яростно бросился на них через прутья решетки.

Si limitarono a ridere e a colpirlo con lunghi bastoni di legno.

Они просто смеялись и тыкали в него длинными деревянными палками.

Buck morse i bastoncini, poi capì che era quello che gli piaceva.

Бак откусил палочки, а потом понял, что им это нравится.

Così si sdraiò in silenzio, imbronciato e acceso da una rabbia silenziosa.

Поэтому он тихо лег, угрюмый и горящий тихой яростью.

Caricarono la cassa su un carro e se ne andarono con lui.

Они погрузили ящик в повозку и увезли его.

La cassa, con Buck chiuso dentro, cambiò spesso proprietario.

Ящик, в котором был заперт Бак, часто переходил из рук в руки.

Gli impiegati dell'ufficio espresso presero in mano la situazione e si occuparono di lui per un breve periodo.

Сотрудники офиса экспресс-доставки взяли его под контроль и быстро с ним разобрались.

Poi un altro carro trasportò Buck attraverso la rumorosa città.

Затем другая повозка провезла Бака через шумный город.

Un camion lo portò con sé scatole e pacchi su un traghetto.

Грузовик отвез его с коробками и посылками на паром.

Dopo l'attraversamento, il camion lo scaricò presso un deposito ferroviario.

После переправы грузовик выгрузил его на железнодорожной станции.

Alla fine Buck venne fatto salire a bordo di un vagone espresso in attesa.

Наконец Бака поместили в ожидавший его экспресс-вагон.

Per due giorni e due notti i treni trascinarono via il vagone espresso.

Двое суток поезда тащили экспресс-вагон.

Buck non mangiò né bevve durante tutto il doloroso viaggio.

Бак не ел и не пил во время всего мучительного путешествия.

Quando i messaggeri cercarono di avvicinarlo, lui ringhiò.

Когда курьеры попытались приблизиться к нему, он зарычал.

Risposero prendendolo in giro e prendendolo in giro crudelmente.

В ответ они стали издеваться и жестоко дразнить его.

Buck si gettò contro le sbarre, schiumando e tremando

Бак бросился на прутья, весь в пене и трясясь.

risero sonoramente e lo presero in giro come i bulli della scuola.

они громко смеялись и издевались над ним, как школьные хулиганы.

Abbaiavano come cani finti e agitavano le braccia.

Они лаяли, как ненастоящие собаки, и хлопали руками.

Arrivarono persino a cantare come galli, solo per farlo arrabbiare ancora di più.

Они даже кричали как петухи, чтобы еще больше его расстроить.

Era un comportamento sciocco e Buck sapeva che era ridicolo.

Это было глупое поведение, и Бак знал, что оно нелепо.

Ma questo non fece altro che accrescere il suo senso di indignazione e vergogna.

Но это лишь усилило его чувство возмущения и стыда.

Durante il viaggio la fame non lo disturbò molto.

Во время путешествия голод его не сильно беспокоил.

Ma la sete portava con sé dolori acuti e sofferenze insopportabili.

Но жажда принесла острую боль и невыносимые страдания.

La sua gola secca e infiammata e la lingua bruciavano per il calore.

Его сухое, воспаленное горло и язык горели от жара.

Questo dolore alimentava la febbre che cresceva nel suo corpo orgoglioso.

Эта боль подпитывала жар, поднимавшийся в его гордом теле.

Durante questa prova Buck fu grato per una sola cosa.

Бак был благодарен за одну единственную вещь во время этого судебного разбирательства.

Gli avevano tolto la corda dal grosso collo.

Верёвка была снята с его толстой шеи.

La corda aveva dato a quegli uomini un vantaggio ingiusto e crudele.

Верёвка дала этим людям несправедливое и жестокое преимущество.

Ora la corda non c'era più e Buck giurò che non sarebbe mai più tornata.

Теперь верёвка исчезла, и Бак поклялся, что она больше никогда не вернётся.

Decise che nessuna corda gli sarebbe mai più passata intorno al collo.

Он решил, что больше никогда верёвка не обмотается вокруг его шеи.

Per due lunghi giorni e due lunghe notti soffrì senza cibo.

Два долгих дня и две ночи он страдал без еды.

E in quelle ore, accumulò dentro di sé una rabbia enorme.

И за эти часы внутри него накопилась огромная ярость.

I suoi occhi diventarono iniettati di sangue e selvaggi per la rabbia costante.

Его глаза налились кровью и стали дикими от постоянного гнева.

Non era più Buck, ma un demone con le fauci che schioccavano.

Это был уже не Бак, а демон с щёлкающими челюстями.

Nemmeno il Giudice avrebbe potuto riconoscere questa folle creatura.

Даже судья не узнал бы это безумное существо.

I messaggeri espressi tirarono un sospiro di sollievo quando giunsero a Seattle

Курьеры вздохнули с облегчением, когда добрались до Сиэтла.

Quattro uomini sollevarono la cassa e la portarono in un cortile sul retro.

Четверо мужчин подняли ящик и вынесли его на задний двор.

Il cortile era piccolo, circondato da mura alte e solide.

Двор был небольшой, окруженный высокими и прочными стенами.

Un uomo corpulento uscì dalla stanza con una scollatura larga e una camicia rossa.

Из дома вышел крупный мужчина в обвисшей красной рубашке-свитере.

Firmò il registro delle consegne con una calligrafia spessa e decisa.

Он расписался в книге поставок толстым и смелым почерком.

Buck intuì subito che quell'uomo era il suo prossimo aguzzino.

Бак сразу почувствовал, что этот человек — его следующий мучитель.

Si lanciò violentemente contro le sbarre, con gli occhi rossi di rabbia.

Он яростно бросился на прутья, его глаза покраснели от ярости.

L'uomo si limitò a sorridere amaramente e andò a prendere un'ascia.

Мужчина лишь мрачно улыбнулся и пошел за топором.

Teneva anche una mazza nella sua grossa e forte mano destra.

В своей толстой и сильной правой руке он также держал дубинку.

"Lo porterai fuori adesso?" chiese l'autista preoccupato.

«Вы собираетесь его вывезти?» — обеспокоенно спросил водитель.

"Certo", disse l'uomo, infilando l'ascia nella cassa come se fosse una leva.

«Конечно», — сказал мужчина, втыкая топор в ящик как рычаг.

I quattro uomini si dileguarono all'istante, saltando sul muro del cortile.

Четверо мужчин мгновенно разбежались и вскочили на стену двора.

Dai loro punti sicuri in alto, aspettavano di ammirare lo spettacolo.

Из своих безопасных мест наверху они ждали, чтобы понаблюдать за зрелищем.

Buck si lanciò contro il legno scheggiato, mordendolo e scuotendolo violentemente.

Бэк бросился на расколотое дерево, яростно кусая его и тряся.

Ogni volta che l'ascia colpiva la gabbia, Buck era lì pronto ad attaccarla.

Каждый раз, когда топор ударялся о клетку, Бак был рядом и нападал на него.

Ringhiò e schioccò le dita in preda a una rabbia selvaggia, desideroso di essere liberato.

Он рычал и кричал от дикой ярости, жаждая освобождения.

L'uomo all'esterno era calmo e fermo, concentrato sul suo compito.

Человек снаружи был спокоен и уравновешен, сосредоточенный на своей задаче.

"Bene allora, diavolo dagli occhi rossi", disse quando il buco fu grande.

«Ну ладно, черт с красными глазами», — сказал он, когда дыра стала большой.

Lasciò cadere l'ascia e prese la mazza nella mano destra.

Он бросил топор и взял дубинку в правую руку.

Buck sembrava davvero un diavolo: aveva gli occhi iniettati di sangue e fiammeggianti.

Бак действительно был похож на дьявола: глаза налились кровью и сверкали.

Il suo pelo si rizzò, la schiuma gli salì alla bocca e gli occhi brillarono.

Его шерсть встала дыбом, изо рта шла пена, глаза блестели.

Lui tese i muscoli e si lanciò dritto verso il maglione rosso.

Он напряг мышцы и прыгнул прямо на красный свитер.

Centoquaranta libbre di furia si riversarono sull'uomo calmo.

Сто сорок фунтов ярости обрушились на спокойного человека.

Un attimo prima che le sue fauci si chiudessero, un colpo terribile lo colpì.

Прежде чем его челюсти сомкнулись, его поразил страшный удар.

I suoi denti si schioccarono insieme solo sull'aria

Его зубы щелкали, не слыша ничего, кроме воздуха.

una scossa di dolore gli risuonò nel corpo

боль пронзила его тело

Si capovolse a mezz'aria e cadde sulla schiena e su un fianco.

Он перевернулся в воздухе и рухнул на спину и бок.

Non aveva mai sentito prima un colpo di mazza e non riusciva a sostenerlo.

Он никогда раньше не чувствовал удара дубинки и не мог его удержать.

Con un ringhio acuto, in parte abbaio, in parte urlo, saltò di nuovo.

С пронзительным рычанием, наполовину лаем, наполовину воплем, он снова прыгнул.

Un altro colpo violento lo colpì e lo scaraventò a terra.

Еще один жестокий удар поразил его и швырнул на землю.

Questa volta Buck capì: era la pesante clava dell'uomo.

На этот раз Бак понял — это была тяжелая дубинка мужчины.

Ma la rabbia lo accecò e non pensò minimamente di ritirarsi.

Но ярость ослепила его, и он не думал отступать.

Dodici volte si lanciò e dodici volte cadde.

Двенадцать раз он подпрыгивал и двенадцать раз падал.

La mazza di legno lo colpiva ogni volta con una forza spietata e schiacciante.

Деревянная дубинка каждый раз наносила ему удары с беспощадной, сокрушительной силой.

Dopo un colpo violento, si rialzò barcollando, stordito e lento.

После одного сильного удара он медленно и шатко поднялся на ноги.

Il sangue gli colava dalla bocca, dal naso e perfino dalle orecchie.

Кровь текла у него изо рта, носа и даже ушей.

Il suo mantello, un tempo bellissimo, era imbrattato di schiuma insanguinata.

Его некогда красивая шерсть была заляпана кровавой пеной.

Poi l'uomo si fece avanti e gli sferrò un violento colpo al naso.

Затем мужчина подошел и нанес сильный удар по носу.

L'agonia fu più acuta di qualsiasi cosa Buck avesse mai provato.

Мучения были сильнее, чем когда-либо испытывал Бак.

Con un ruggito più da bestia che da cane, balzò di nuovo all'attacco.

С рыком, больше похожим на зверя, чем на собаку, он снова прыгнул, чтобы атаковать.

Ma l'uomo gli afferrò la mascella inferiore e la torse all'indietro.

Но мужчина схватил его за нижнюю челюсть и вывернул ее назад.

Buck si girò a testa in giù e cadde di nuovo violentemente al suolo.

Бак перевернулся и снова сильно рухнул.

Un'ultima volta, Buck si lanciò verso di lui, ormai a malapena in grado di reggersi in piedi.

Бак бросился на него в последний раз, теперь едва держась на ногах.

L'uomo colpì con sapiente tempismo, sferrando il colpo finale.

Мужчина нанес последний удар, рассчитав момент.

Buck crollò a terra, privo di sensi e immobile.

Бак рухнул на землю, потеряв сознание и не двигаясь.

**"Non è uno stupido ad addestrare i cani, ecco cosa dico io",
urlò un uomo.**

«Он не промах в дрессировке собак, вот что я скажу», —
крикнул мужчина.

**"Druther può spezzare la volontà di un segugio in qualsiasi
giorno della settimana."**

«Друтер может сломить волю гончей в любой день
недели».

"E due volte di domenica!" aggiunse l'autista.

«И дважды в воскресенье!» — добавил водитель.

Salì sul carro e tirò le redini per partire.

Он забрался в повозку и щелкнул вожжами, чтобы уехать.

Buck riprese lentamente il controllo della sua coscienza

Бак медленно восстановил контроль над своим сознанием.

**ma il suo corpo era ancora troppo debole e rotto per
muoversi.**

но его тело было все еще слишком слабым и сломанным,
чтобы двигаться.

**Rimase lì dove era caduto, osservando l'uomo con il
maglione rosso.**

Он лежал там, где упал, и смотрел на человека в красном
свитере.

**"Risponde al nome di Buck", disse l'uomo, leggendo ad alta
voce.**

«Он откликается на имя Бак», — сказал мужчина, читая
вслух.

Citò la nota inviata con la cassa di Buck e i dettagli.

Он процитировал записку, отправленную вместе с
ящиком Бака, и подробности.

**"Bene, Buck, ragazzo mio", continuò l'uomo con tono
amichevole,**

«Ну, Бак, мой мальчик», — продолжил мужчина
дружелюбным тоном,

**"Abbiamo avuto il nostro piccolo litigio, e ora tra noi è
finita."**

«Мы немного повздорили, и теперь между нами все
кончено».

"Tu hai imparato qual è il tuo posto, e io ho imparato qual è il mio", ha aggiunto.

«Ты узнал свое место, а я узнал свое», — добавил он.

"Sii buono e tutto andrà bene e la vita sarà piacevole."

«Будьте добры, и все будет хорошо, и жизнь будет приятной».

"Ma se sei cattivo, ti spaccherò a morte, capito?"

«Но будешь плохо себя вести, и я из тебя выбью всю дурь, понял?»

Mentre parlava, allungò la mano e accarezzò la testa dolorante di Buck.

Говоря это, он протянул руку и погладил Бака по больной голове.

I capelli di Buck si rizzarono al tocco dell'uomo, ma lui non oppose resistenza.

Волосы Бака встали дыбом от прикосновения мужчины, но он не сопротивлялся.

L'uomo gli portò dell'acqua e Buck la bevve a grandi sorsi.

Мужчина принес ему воды, которую Бак выпил большими глотками.

Poi arrivò la carne cruda, che Buck divorò pezzo per pezzo.

Затем пришло сырое мясо, которое Бак поглощал кусок за куском.

Sapeva di essere stato sconfitto, ma sapeva anche di non essere distrutto.

Он знал, что его побили, но он также знал, что он не сломлен.

Non aveva alcuna possibilità contro un uomo armato di manganello.

У него не было шансов против человека, вооруженного дубинкой.

Aveva imparato la verità e non dimenticò mai quella lezione.

Он усвоил истину и никогда не забывал этот урок.

Quell'arma segnò l'inizio della legge nel nuovo mondo di Buck.

Это оружие стало началом закона в новом мире Бака.

Fu l'inizio di un ordine duro e primitivo che non poteva negare.

Это было начало сурового, примитивного порядка, который он не мог отрицать.

Accettò la verità: i suoi istinti selvaggi erano ormai risvegliati.

Он принял правду; теперь его дикие инстинкты пробудились.

Il mondo era diventato più duro, ma Buck lo affrontò coraggiosamente.

Мир стал суровее, но Бак мужественно встретил это.

Affrontò la vita con una nuova cautela, astuzia e una forza silenziosa.

Он встретил жизнь с новой осторожностью, хитростью и тихой силой.

Arrivarono altri cani, legati con corde o gabbie, come era successo a Buck.

Прибыли новые собаки, привязанные веревками или в клетках, как и Бак.

Alcuni cani procedevano con calma, altri si infuriavano e combattevano come bestie feroci.

Некоторые собаки шли спокойно, другие бушевали и дрались, как дикие звери.

Tutti loro furono sottoposti al dominio dell'uomo con il maglione rosso.

Все они попали под власть человека в красном свитере.

Ogni volta Buck osservava e vedeva svolgersi la stessa lezione.

Каждый раз Бак наблюдал и видел, как разворачивается один и тот же урок.

L'uomo con la clava era la legge: un padrone a cui obbedire.

Человек с дубинкой был законом, хозяином, которому следовало подчиняться.

Non era necessario che gli piacesse, ma che gli si obbedisse.

Ему не нужно было, чтобы его любили, но ему нужно было подчиняться.

Buck non si è mai mostrato adulatore o scodinzolante come facevano i cani più deboli.

Бэк никогда не лебезил и не вилял хвостом, как более слабые собаки.

Vide dei cani che erano stati picchiati e che continuavano a leccare la mano dell'uomo.

Он видел собак, которых избивали, но они продолжали лизать руку мужчины.

Vide un cane che non obbediva né si sottometteva affatto.

Он увидел одну собаку, которая вообще не слушалась и не подчинялась.

Quel cane ha combattuto fino alla morte nella battaglia per il controllo.

Этот пес сражался до тех пор, пока не был убит в битве за контроль.

A volte degli sconosciuti venivano a trovare l'uomo con il maglione rosso.

Иногда к человеку в красном свитере приходили незнакомцы.

Parlavano con toni strani, supplicando, contrattando e ridendo.

Они говорили странными голосами, умоляя, торгуясь и смеясь.

Dopo aver scambiato i soldi, se ne andavano con uno o più cani.

После обмена денег они уходили с одной или несколькими собаками.

Buck si chiese dove andassero questi cani, perché nessuno faceva mai ritorno.

Бак задавался вопросом, куда делись эти собаки, ведь ни одна из них не вернулась.

la paura dell'ignoto riempiva Buck ogni volta che un uomo sconosciuto si avvicinava

Страх перед неизвестностью наполнял Бака каждый раз, когда приходил незнакомый человек.

era contento ogni volta che veniva preso un altro cane, al posto suo.

он был рад каждый раз, когда забирали другую собаку, а
не его самого.

**Ma alla fine arrivò il turno di Buck con l'arrivo di uno strano
uomo.**

Но наконец настала очередь Бака с появлением странного
человека.

**Era piccolo, nervoso e parlava un inglese stentato e
imprecava.**

Он был невысокого роста, жилистый, говорил на ломаном
английском и ругался.

"Sacredam!" urlò quando vide il corpo di Buck.

«Святое святых!» — закричал он, увидев тело Бака.

**"Che cane maledetto e prepotente! Eh? Quanto costa?" chiese
ad alta voce.**

«Вот это чертовски хулиганская собака! А? Сколько?» —
спросил он вслух.

"Trecento, ed è un regalo a quel prezzo",

«Триста, и за такую цену он просто подарок»,

**"Dato che sono soldi del governo, non dovresti lamentarti,
Perrault."**

«Поскольку это государственные деньги, ты не должен
жаловаться, Перро».

**Perrault sorrise pensando all'accordo che aveva appena
concluso con quell'uomo.**

Перро ухмыльнулся, увидев сделку, которую он только что
заключил с этим человеком.

**Il prezzo dei cani è salito alle stelle a causa della domanda
improvvisa.**

Цены на собак резко выросли из-за внезапного спроса.

Trecento dollari non erano ingiusti per una bestia così bella.

Триста долларов — это не так уж и несправедливо за такое
прекрасное животное.

Il governo canadese non perderebbe nulla dall'accordo

Канадское правительство ничего не потеряет в этой
сделке.

**Né i loro comunicati ufficiali avrebbero subito ritardi nel
trasporto.**

Их официальные донесения также не будут задерживаться в пути.

Perrault conosceva bene i cani e capì che Buck era una rarità.

Перро хорошо знал собак и понимал, что Бак — нечто необычное.

"Uno su dieci diecimila", pensò, mentre studiava la corporatura di Buck.

«Один из десяти десятков тысяч», — подумал он, изучая телосложение Бака.

Buck vide il denaro cambiare di mano, ma non mostrò alcuna sorpresa.

Бак видел, как деньги перешли из рук в руки, но не выказал никакого удивления.

Poco dopo lui e Curly, un gentile Terranova, furono portati via.

Вскоре его и Керли, доброго ньюфаундленда, увели.

Seguirono l'omino dal cortile della casa con il maglione rosso.

Они последовали за маленьким человечком от двора, где стоял красный свитер.

Quella fu l'ultima volta che Buck vide l'uomo con la mazza di legno.

Это был последний раз, когда Бак видел человека с деревянной дубинкой.

Dal ponte del Narwhal guardò Seattle svanire in lontananza.

С палубы «Нарвала» он наблюдал, как Сиэтл исчезает вдали.

Fu anche l'ultima volta che vide le calde terre del Sud.

Это был также последний раз, когда он видел теплый Юг.

Perrault li portò sottocoperta e li lasciò con François.

Перро отвел их на нижнюю палубу и оставил с Франсуа.

François era un gigante con la faccia nera e le mani ruvide e callose.

Франсуа был чернолицым великаном с грубыми, мозолистыми руками.

Era un uomo dalla carnagione scura e dalla carnagione scura, un meticcio franco-canadese.

Он был смуглый и смуглый, полукровка франко-
канадского происхождения.

**Per Buck, quegli uomini erano come non li aveva mai visti
prima.**

Для Бака эти люди были людьми, которых он никогда
раньше не видел.

**Nei giorni a venire avrebbe avuto modo di conoscere molti
di questi uomini.**

В будущем ему предстоит познакомиться со многими
такими людьми.

Non cominciò ad affezionarsi a loro, ma finì per rispettarli.

Он не полюбил их, но стал уважать.

**Erano giusti e saggi e non si lasciavano ingannare facilmente
da nessun cane.**

Они были справедливы и мудры, и ни одна собака не
могла их обмануть.

**Giudicavano i cani con calma e punivano solo quando
meritavano.**

Они судили собак спокойно и наказывали только тогда,
когда это было заслуженно.

**Sul ponte inferiore del Narwhal, Buck e Curly incontrarono
due cani.**

На нижней палубе «Нарвала» Бак и Кёрли встретили двух
собак.

**Uno era un grosso cane bianco proveniente dalle lontane e
gelide isole Spitzbergen.**

Одним из них была большая белая собака с далекого
ледяного Шпицбергена.

**In passato aveva navigato su una baleniera e si era unito a
un gruppo di ricerca.**

Однажды он плавал на китобойном судне и
присоединился к исследовательской группе.

Era amichevole, ma astuto, subdolo e subdolo.

Он был дружелюбен, но хитрым, коварным и коварным.

**Al loro primo pasto, rubò un pezzo di carne dalla padella di
Buck.**

Во время их первой трапезы он украл кусок мяса из сковороды Бака.

Buck saltò per punirlo, ma la frusta di François colpì per prima.

Бэк прыгнул, чтобы наказать его, но хлыст Франсуа ударил первым.

Il ladro bianco urlò e Buck reclamò l'osso rubato.

Белый вор взвизгнул, и Бак забрал украденную кость.

Questa correttezza colpì Buck e François si guadagnò il suo rispetto.

Такая справедливость произвела впечатление на Бэка, и Франсуа заслужил его уважение.

L'altro cane non lo salutò e non volle nessuno in cambio.

Другая собака не поздоровалась и не хотела ничего в ответ.

Non rubava il cibo, né annusava con interesse i nuovi arrivati.

Он не крал еду и не обнюхивал с интересом вновь прибывших.

Questo cane era cupo e silenzioso, cupo e lento nei movimenti.

Эта собака была мрачной и молчаливой, угрюмой и медлительной.

Avvertì Curly di stargli lontano semplicemente lanciandole un'occhiata fulminante.

Он предупредил Кёрли держаться подальше, просто пристально посмотрев на нее.

Il suo messaggio era chiaro: lasciatemi in pace o saranno guai.

Его послание было ясным: оставьте меня в покое, иначе будут проблемы.

Si chiamava Dave e non faceva quasi caso a ciò che lo circondava.

Его звали Дэйв, и он почти не замечал окружающего мира.

Dormiva spesso, mangiava tranquillamente e sbadigliava di tanto in tanto.

Он часто спал, тихо ел и время от времени зевал.

La nave ronzava costantemente con il rumore dell'elica sottostante.

Корабль непрерывно гудел из-за работающего внизу винта.

I giorni passarono senza grandi cambiamenti, ma il clima si fece più freddo.

Дни проходили без особых изменений, но погода становилась холоднее.

Buck se lo sentiva nelle ossa e notò che anche gli altri lo sentivano.

Бак чувствовал это всем своим существом и заметил, что остальные тоже.

Poi una mattina l'elica si fermò e tutto rimase immobile.

И вот однажды утром пропеллер остановился, и все стихло.

Un'energia percorse la nave: qualcosa era cambiato.

По кораблю пронеслась энергия; что-то изменилось.

François scese, li mise al guinzaglio e li portò su.

Франсуа спустился вниз, пристегнул их поводками и поднял наверх.

Buck uscì e trovò il terreno morbido, bianco e freddo.

Бак вышел и обнаружил, что земля мягкая, белая и холодная.

Lui fece un balzo indietro allarmato e sbuffò in preda alla confusione più totale.

Он встревоженно отскочил назад и фыркнул в полном замешательстве.

Una strana sostanza bianca cadeva dal cielo grigio.

С серого неба падала какая-то странная белая субстанция.

Si scosse, ma i fiocchi bianchi continuavano a cadergli addosso.

Он встряхнулся, но белые хлопья продолжали падать на него.

Annusò attentamente la sostanza bianca e ne leccò alcuni pezzetti ghiacciati.

Он осторожно понюхал белую субстанцию и лизнул несколько ледяных кусочков.

La polvere bruciò come il fuoco e poi svanì subito dalla sua lingua.

Порошок обжегся, как огонь, а затем тут же исчез с его языка.

Buck ci riprovò, sconcertato dallo strano freddo che svaniva.

Бак попробовал еще раз, озадаченный странным исчезновением холода.

Gli uomini intorno a lui risero e Buck si sentì in imbarazzo.

Мужчины вокруг него рассмеялись, и Бак стало неловко.

Non sapeva perché, ma si vergognava della sua reazione.

Он не знал почему, но ему было стыдно за свою реакцию.

Era la sua prima esperienza con la neve e la cosa lo confuse.

Это был его первый опыт со снегом, и он его смутил.

La legge del bastone e della zanna
Закон дубинки и клыка

Il primo giorno di Buck sulla spiaggia di Dyea è stato un terribile incubo.

Первый день Бака на пляже Дайя показался ему ужасным кошмаром.

Ogni ora portava con sé nuovi shock e cambiamenti inaspettati per Buck.

Каждый час приносил Бак новые потрясения и неожиданные перемены.

Era stato strappato alla civiltà e gettato nel caos più totale.

Его вырвали из цивилизации и бросили в дикий хаос.

Questa non era una vita soleggiata e pigra, fatta di noia e riposo.

Это не была солнечная, ленивая жизнь со скукой и отдыхом.

Non c'era pace, né riposo, né momento senza pericolo.

Не было ни мира, ни покоя, ни минуты без опасности.

La confusione regnava su tutto e il pericolo era sempre vicino.

Всем царила неразбериха, и опасность всегда была рядом.

Buck doveva stare attento perché quegli uomini e quei cani erano diversi.

Баку приходилось быть начеку, потому что эти люди и собаки были другими.

Non provenivano da città; erano selvaggi e spietati.

Они были не из городов; они были дикими и беспощадными.

Questi uomini e questi cani conoscevano solo la legge del bastone e della zanna.

Эти люди и собаки знали только закон дубинки и клыка.

Buck non aveva mai visto dei cani combattere come questi feroci husky.

Бак никогда не видел, чтобы собаки дерутся так, как эти свирепые хаски.

La sua prima esperienza gli insegnò una lezione che non avrebbe mai dimenticato.

Его первый опыт преподал ему урок, который он никогда не забудет.

Fu una fortuna che non fosse lui, altrimenti sarebbe morto anche lui.

Ему повезло, что это был не он, иначе он тоже погиб бы.

Curly era quello che soffriva, mentre Buck osservava e imparava.

Кёрли страдал, а Бак наблюдал и учился.

Si erano accampati vicino a un deposito costruito con tronchi.

Они разбили лагерь возле склада, построенного из бревен.

Curly cercò di essere amichevole con un grosso husky simile a un lupo.

Кёрли пытался подружиться с большой, похожей на волка хаски.

L'husky era più piccolo di Curly, ma aveva un aspetto selvaggio e cattivo.

Хаски был меньше Кёрли, но выглядел диким и злым.

Senza preavviso, lui saltò su e le tagliò il viso.

Без предупреждения он подпрыгнул и рассек ей лицо.

Con un solo movimento i suoi denti le tagliarono l'occhio fino alla mascella.

Одним движением его зубы пронзили ее от глаза до челюсти.

Ecco come combattevano i lupi: colpivano velocemente e saltavano via.

Так сражаются волки — быстро бьют и отскакивают.

Ma c'era molto di più da imparare da quell'unico attacco.

Но из этого одного нападения можно было извлечь больше уроков.

Decine di husky si precipitarono dentro e formarono un cerchio silenzioso.

Десятки хаски прибежали и молча образовали круг.

Osservavano attentamente e si leccavano le labbra per la fame.

Они внимательно наблюдали и облизывались от голода.

Buck non capiva il loro silenzio né i loro occhi ansiosi.

Бак не понимал их молчания и их восторженных глаз.

Curly si lanciò ad attaccare l'husky una seconda volta.

Кёрли бросился нападать на хаски во второй раз.

Usò il suo petto per buttarla a terra con un movimento violento.

Он использовал свою грудь, чтобы сбить ее с ног сильным ударом.

Cadde su un fianco e non riuscì più a rialzarsi.

Она упала на бок и не смогла подняться.

Era proprio quello che gli altri aspettavano da tempo.

Именно этого все остальные ждали все это время.

Gli husky le saltarono addosso, guaindo e ringhiando freneticamente.

Хаски набросились на нее, визжа и рыча в ярости.

Lei urlò mentre la seppellivano sotto una pila di cani.

Она кричала, когда ее похоронили под кучей собак.

L'attacco fu così rapido che Buck rimase immobile per lo shock.

Атака была настолько быстрой, что Бак застыл на месте от шока.

Vide Spitz tirare fuori la lingua in un modo che sembrava una risata.

Он увидел, как Шпиц высунул язык, словно пытаясь рассмеяться.

François afferrò un'ascia e corse dritto verso il gruppo di cani.

Франсуа схватил топор и побежал прямо в стаю собак.

Altri tre uomini hanno usato dei manganelli per allontanare gli husky.

Еще трое мужчин использовали дубинки, чтобы отогнать хаски.

In soli due minuti la lotta finì e i cani se ne andarono.

Всего через две минуты драка закончилась, и собаки исчезли.

Curly giaceva morta nella neve rossa calpestata, con il corpo fatto a pezzi.

Кёрли лежала мертвая на красном, растоптанном снегу, ее тело было разорвано на части.

Un uomo dalla pelle scura era in piedi davanti a lei, maledicendo la scena brutale.

Над ней стоял темнокожий мужчина, проклиная жестокую сцену.

Il ricordo rimase con Buck e ossessionò i suoi sogni notturni.

Воспоминания остались с Баком и преследовали его по ночам.

Ecco come funzionava: niente equità, niente seconda possibilità.

Так было и здесь: никакой справедливости, никакого второго шанса.

Una volta caduto un cane, gli altri lo uccidevano senza pietà.

Как только собака падала, остальные убивали ее без пощады.

Buck decise allora che non si sarebbe mai lasciato cadere.

Тогда Бак решил, что никогда не позволит себе упасть.

Spitz tirò fuori di nuovo la lingua e rise guardando il sangue.

Шпиц снова высунул язык и рассмеялся, глядя на кровь.

Da quel momento in poi, Buck odiò Spitz con tutto il cuore.

С этого момента Бак возненавидел Шпица всем сердцем.

Prima che Buck potesse riprendersi dalla morte di Curly, accadde qualcosa di nuovo.

Прежде чем Бак успел оправиться от смерти Кёрли, произошло нечто новое.

François si avvicinò e legò qualcosa attorno al corpo di Buck.

Франсуа подошел и что-то обвязал вокруг тела Бака.

Era un'imbracatura simile a quelle usate per i cavalli al ranch.

Это была упряжь, похожая на ту, что использовали на лошадях на ранчо.

Così come Buck aveva visto lavorare i cavalli, ora era costretto a lavorare anche lui.

Поскольку Бак видел, как работают лошади, теперь его тоже заставляли работать.

Dovette trascinare François su una slitta nella foresta vicina.

Ему пришлось тащить Франсуа на санях в близлежащий лес.

Poi dovette trascinare indietro un pesante carico di legna da ardere.

Затем ему пришлось тащить обратно тяжелую вязанку дров.

Buck era orgoglioso e gli faceva male essere trattato come un animale da lavoro.

Бак был гордым, поэтому ему было больно, когда с ним обращались как с рабочим скотом.

Ma era saggio e non cercò di combattere la nuova situazione.

Но он поступил мудро и не стал бороться с новой ситуацией.

Accettò la sua nuova vita e diede il massimo in ogni compito.

Он принял новую жизнь и выкладывался по полной в каждой задаче.

Tutto di quel lavoro gli risultava strano e sconosciuto.

Все в этой работе было для него странным и незнакомым.

François era severo e pretendeva obbedienza senza indugio.

Франсуа был строг и требовал безотлагательного повиновения.

La sua frusta garantiva che ogni comando venisse eseguito immediatamente.

Его кнут следил за тем, чтобы каждая команда выполнялась немедленно.

Dave era il timoniere, il cane più vicino alla slitta dietro Buck.

Дэйв был упряжным, собака сидела ближе всего к саням позади Бака.

Se commetteva un errore, Dave mordeva Buck sulle zampe posteriori.

Дэйв кусал Бака за задние ноги, если тот совершал ошибку.

Spitz era il cane guida, abile ed esperto nel ruolo.

Шпиц был ведущей собакой, опытной и умелой в этой роли.

Spitz non riusciva a raggiungere Buck facilmente, ma lo corresse comunque.

Шпицу было нелегко дотянуться до Бака, но он все равно поправил его.

Ringhiava aspramente o tirava la slitta in modi che insegnavano a Buck.

Он резко рычал и тянул сани способами, которые научили Бэка.

Grazie a questo addestramento, Buck imparò più velocemente di quanto tutti si aspettassero.

Благодаря такому обучению Бак учился быстрее, чем кто-либо из них ожидал.

Lavorò duramente e imparò sia da François che dagli altri cani.

Он много работал и учился у Франсуа и других собак.

Quando tornarono, Buck conosceva già i comandi chiave.

К тому времени, как они вернулись, Бак уже знал основные команды.

Imparò a fermarsi al suono della parola "oh" di François.

Он научился останавливаться, услышав «хо» от Франсуа.

Imparò quando era il momento di tirare la slitta e correre.

Он понял, когда нужно тянуть санки и бежать.

Imparò a svoltare senza problemi nelle curve del sentiero.

Он научился без труда делать широкие повороты на поворотах тропы.

Imparò anche a evitare Dave quando la slitta scendeva velocemente.

Он также научился избегать Дэйва, когда сани быстро катились под гору.

"Sono cani molto buoni", disse orgoglioso François a Perrault.

«Они очень хорошие собаки», — с гордостью сказал Франсуа Перро.

"Quel Buck tira come un dannato, glielo insegno subito."

«Этот Бак тянет как черт — я учу его быстро, как никто другой».

Più tardi quel giorno, Perrault tornò con altri due husky.

Позже в тот же день Перро вернулся еще с двумя хаски.

Si chiamavano Billee e Joe ed erano fratelli.

Их звали Билли и Джо, и они были братьями.

Provenivano dalla stessa madre, ma non erano affatto simili.

Они произошли от одной матери, но были совсем не похожи.

Billee era un tipo dolce e molto amichevole con tutti.

Билли был добродушным и слишком дружелюбным со всеми.

Joe era l'opposto: silenzioso, arrabbiato e sempre ringhiante.

Джо был полной противоположностью — тихий, злой и вечно рычащий.

Buck li salutò amichevolmente e si mantenne calmo con entrambi.

Бак поприветствовал их дружелюбно и был с ними спокоен.

Dave non prestò loro attenzione e rimase in silenzio come al solito.

Дэйв не обратил на них внимания и, как обычно, молчал.

Spitz attaccò prima Billee, poi Joe, per dimostrare la sua superiorità.

Спиц атаковал сначала Билли, а затем Джо, чтобы показать свое превосходство.

Billee scodinzolava e cercava di essere amichevole con Spitz.

Билли виляла хвостом и пыталась подружиться со Шпицем.

Quando questo non funzionò, cercò di scappare.

Когда это не сработало, он попытался убежать.

Pianse tristemente quando Spitz lo morse forte sul fianco.

Он грустно плакал, когда Шпиц сильно укусил его в бок.

Ma Joe era molto diverso e si rifiutava di farsi prendere in giro.

Но Джо был совсем другим и не желал подвергаться издевательствам.

Ogni volta che Spitz si avvicinava, Joe si girava velocemente per affrontarlo.

Каждый раз, когда Шпиц приближался, Джо быстро поворачивался к нему лицом.

La sua pelliccia si drizzò, le sue labbra si arricciarono e i suoi denti schioccarono selvaggiamente.

Его шерсть встала дыбом, губы скривились, а зубы дико щелкнул.

Gli occhi di Joe brillavano di paura e rabbia, sfidando Spitz a colpire.

Глаза Джо блестели от страха и ярости, призывая Шпица нанести удар.

Spitz abbandonò la lotta e si voltò, umiliato e arrabbiato.

Шпиц сдался и отвернулся, униженный и разгневанный.

Sfogò la sua frustrazione sul povero Billee e lo cacciò via.

Он выместил свое раздражение на бедном Билли и прогнал его.

Quella sera Perrault aggiunse un altro cane alla squadra.

В тот же вечер Перро добавил к команде еще одну собаку.

Questo cane era vecchio, magro e coperto di cicatrici di battaglia.

Эта собака была старой, худой и покрытой боевыми шрамами.

Gli mancava un occhio, ma l'altro brillava di potere.

Один его глаз отсутствовал, но другой светился силой.

Il nome del nuovo cane era Solleks, che significa "l'Arrabbiato".

Новую собаку назвали Соллекс, что означало «Злой».

Come Dave, Solleks non chiedeva nulla agli altri e non dava nulla in cambio.

Как и Дэйв, Соллекс ничего не просил у других и ничего не давал взамен.

Quando Solleks entrò lentamente nell'accampamento, persino Spitz rimase lontano.

Когда Соллекс медленно вошел в лагерь, даже Шпиц остался в стороне.

Aveva una strana abitudine che Buck ebbe la sfortuna di scoprire.

У него была странная привычка, которую Бак, к сожалению, удалось обнаружить.

Solleks detestava essere avvicinato dal lato in cui era cieco.

Соллекс ненавидел, когда к нему подходили с той стороны, где он был слеп.

Buck non lo sapeva e commise quell'errore per sbaglio.

Бак этого не знал и совершил эту ошибку случайно.

Solleks si voltò di scatto e colpì la spalla di Buck in modo profondo e rapido.

Соллекс развернулся и нанес быстрый и глубокий удар по плечу Бака.

Da quel momento in poi, Buck non si avvicinò mai più al lato cieco di Solleks.

С этого момента Бак больше не подходил к Соллексу слишком близко.

Non ebbero mai più problemi per il resto del tempo che trascorsero insieme.

За все оставшееся время, что они провели вместе, у них больше не возникало никаких проблем.

Solleks voleva solo essere lasciato solo, come il tranquillo Dave.

Соллекс хотел только, чтобы его оставили в покое, как тихого Дэйва.

Ma Buck avrebbe scoperto in seguito che ognuno di loro aveva un altro obiettivo segreto.

Но позже Бак узнал, что у каждого из них была еще одна тайная цель.

Quella notte Buck si trovò ad affrontare una nuova e preoccupante sfida: come dormire.

В ту ночь перед Бак встала новая и тревожная проблема — как уснуть.

La tenda era illuminata caldamente dalla luce delle candele nel campo innevato.

Палатка ярко светилась от свечей на заснеженном поле.

Buck entrò, pensando che lì avrebbe potuto riposare come prima.

Бак вошел внутрь, думая, что сможет отдохнуть там, как и прежде.

Ma Perrault e François gli urlarono contro e gli tirarono delle padelle.

Но Перро и Франсуа кричали на него и бросали кастрюли.

Sconvolto e confuso, Buck corse fuori nel freddo gelido.

Потрясенный и растерянный, Бак выбежал на леденящий холод.

Un vento gelido gli pungeva la spalla ferita e gli congelava le zampe.

Резкий ветер обжигал его раненое плечо и обмораживал лапы.

Si sdraiò sulla neve e cercò di dormire all'aperto.

Он лег в снег и попытался заснуть на открытом воздухе.

Ma il freddo lo costrinse presto a rialzarsi, tremando forte.

Но холод вскоре заставил его снова встать, сильно дрожа.

Vagò per l'accampamento, cercando di trovare un posto più caldo.

Он бродил по лагерю, пытаясь найти более теплое место.

Ma ogni angolo era freddo come quello precedente.

Но каждый угол был таким же холодным, как и предыдущий.

A volte dei cani feroci gli saltavano addosso dall'oscurità.

Иногда из темноты на него нападали дикие собаки.

Buck drizzò il pelo, scoprì i denti e ringhiò in tono ammonitore.

Бэк встал дыбом, оскалил зубы и предостерегающе зарычал.

Lui stava imparando in fretta e gli altri cani si sono subito tirati indietro.

Он быстро учился, и другие собаки быстро отступили.

Tuttavia, non aveva un posto dove dormire e non aveva idea di cosa fare.

Но у него все равно не было места для сна, и он понятия не имел, что делать.

Alla fine gli venne in mente un pensiero: andare a dare un'occhiata ai suoi compagni di squadra.

Наконец ему в голову пришла мысль — проверить своих товарищей по команде.

Ritornò nella loro zona e rimase sorpreso nel constatare che non c'erano più.

Он вернулся в их район и с удивлением обнаружил, что они исчезли.

Cercò di nuovo nell'accampamento, ma ancora non riuscì a trovarli.

Он снова обыскал лагерь, но так и не смог их найти.

Sapeva che loro non potevano stare nella tenda, altrimenti ci sarebbe stato anche lui.

Он знал, что им нельзя находиться в палатке, иначе там окажется и он.

E allora, dove erano finiti tutti i cani in quell'accampamento ghiacciato?

Так куда же делись все собаки в этом замерзшем лагере?

Buck, infreddolito e infelice, girò lentamente intorno alla tenda.

Бак, замерзший и несчастный, медленно обошел палатку.

All'improvviso, le sue zampe anteriori sprofondarono nella neve soffice e lo spaventarono.

Внезапно его передние ноги погрузились в мягкий снег, и он вздрогнул.

Qualcosa si mosse sotto i suoi piedi e lui fece un salto indietro per la paura.

Что-то шевельнулось у него под ногами, и он в страхе отскочил назад.

Ringhiava e ringhiava, non sapendo cosa si nascondesse sotto la neve.

Он рычал и рычал, не зная, что находится под снегом.

Poi udì un piccolo abbaio amichevole che placò la sua paura.

Затем он услышал дружелюбный лай, который развеял его страх.

Annusò l'aria e si avvicinò per vedere cosa fosse nascosto.

Он понюхал воздух и подошел поближе, чтобы разглядеть то, что спрятано.

Sotto la neve, rannicchiata in una calda palla, c'era la piccola Billee.

Под снегом, свернувшись в теплый клубок, лежала маленькая Билли.

Billee scodinzolò e leccò il muso di Buck per salutarlo.

Билли вилял хвостом и лизнул лицо Бэка в знак приветствия.

Buck vide come Billee si era costruito un posto per dormire nella neve.

Бак увидел, как Билли устроил себе спальное место в снегу.

Aveva scavato e sfruttato il suo calore per scaldarsi.

Он выкопал яму и согрелся собственным теплом.

Buck aveva imparato un'altra lezione: ecco come dormivano i cani.

Бак усвоил еще один урок — именно так спят собаки.

Scelse un posto e cominciò a scavare la sua buca nella neve.

Он выбрал место и начал копать себе яму в снегу.

All'inizio si muoveva troppo e sprecava energie.

Поначалу он слишком много двигался и тратил энергию впустую.

Ma ben presto il suo corpo riscaldò lo spazio e si sentì al sicuro.

Но вскоре его тело согрело пространство, и он почувствовал себя в безопасности.

Si rannicchiò forte e poco dopo si addormentò profondamente.

Он крепко свернулся калачиком и вскоре крепко заснул.

La giornata era stata lunga e dura e Buck era esausto.

День был долгим и трудным, и Бак был измотан.

Dormì profondamente e comodamente, anche se fece sogni selvaggi.

Он спал глубоко и спокойно, хотя его сны были дикими.

Ringhiava e abbaiava nel sonno, contorcendosi mentre sognava.

Он рычал и лаял во сне, извиваясь во сне.

Buck non si svegliò finché l'accampamento non cominciò a prendere vita.

Бак проснулся только тогда, когда лагерь уже начал оживать.

All'inizio non sapeva dove si trovasse o cosa fosse successo.

Сначала он не понял, где находится и что случилось.

La neve era caduta durante la notte e aveva seppellito completamente il suo corpo.

Ночью выпал снег и полностью покрыл его тело.

La neve lo circondava, fitta su tutti i lati.

Снег плотно облепил его со всех сторон.

All'improvviso un'ondata di paura percorse tutto il corpo di Buck.

Внезапно волна страха охватила все тело Бака.

Era la paura di rimanere intrappolati, una paura che proveniva da istinti profondi.

Это был страх оказаться в ловушке, страх, идущий от глубинных инстинктов.

Sebbene non avesse mai visto una trappola, la paura era viva dentro di lui.

Хотя он никогда не видел ловушек, страх жил внутри него.

Era un cane addomesticato, ma ora i suoi vecchi istinti selvaggi si stavano risvegliando.

Он был ручным псом, но теперь в нем пробудились старые дикие инстинкты.

I muscoli di Buck si irrigidirono e il pelo gli si rizzò su tutta la schiena.

Мышцы Бака напряглись, а шерсть на спине встала дыбом.

Ringhiò furiosamente e balzò in piedi nella neve.

Он яростно зарычал и прыгнул прямо сквозь снег.

La neve volava in ogni direzione mentre lui irrompeva nella luce del giorno.

Когда он вырвался на свет, снег разлетелся во все стороны.

Ancora prima di atterrare, Buck vide l'accampamento disteso davanti a lui.

Еще до высадки Бак увидел раскинувшийся перед ним лагерь.

Ricordò tutto del giorno prima, tutto in una volta.

Он сразу вспомнил все, что произошло вчера.

Ricordava di aver passeggiato con Manuel e di essere finito in quel posto.

Он вспомнил, как прогуливался с Мануэлем и оказался в этом месте.

Ricordava di aver scavato la buca e di essersi addormentato al freddo.

Он вспомнил, как копал яму и уснул на холоде.

Ora era sveglio e il mondo selvaggio intorno a lui era limpido.

Теперь он проснулся, и дикий мир вокруг него был ясен.

Un grido di François annunciò l'improvvisa apparizione di Buck.

Франсуа криком приветствовал внезапное появление Бака.

"Cosa ho detto?" gridò a gran voce il conducente del cane a Perrault.

«Что я сказал?» — громко крикнул погонщик Перро.

"Quel Buck impara sicuramente in fretta", ha aggiunto François.

«Этот Бак, безусловно, быстро учится», — добавил Франсуа.

Perrault annuì gravemente, visibilmente soddisfatto del risultato.

Перро серьезно кивнул, явно довольный результатом.

In qualità di corriere del governo canadese, trasportava dispacci.

Будучи курьером канадского правительства, он доставлял депеши.

Era ansioso di trovare i cani migliori per la sua importante missione.

Он стремился найти лучших собак для своей важной миссии.

Ora si sentiva particolarmente contento che Buck facesse parte della squadra.

Теперь он был особенно рад, что Бак стал частью команды.

Nel giro di un'ora, alla squadra furono aggiunti altri tre husky.

В течение часа к команде присоединились еще три хаски.

Ciò ha portato il numero totale dei cani della squadra a nove.

Таким образом, общее число собак в команде достигло девяти.

Nel giro di quindici minuti tutti i cani erano imbracati.

Через пятнадцать минут все собаки были в шлейках.

La squadra di slitte stava risalendo il sentiero verso Dyea Cañon.

Упряжка саней двигалась по тропе к каньону Дайя.

Buck era contento di andarsene, anche se il lavoro che lo attendeva era duro.

Бак был рад уезжать, даже если работа предстояла трудная.

Scoprì di non disprezzare particolarmente né il lavoro né il freddo.

Он обнаружил, что не испытывает особого отвращения ни к труду, ни к холоду.

Fu sorpreso dall'entusiasmo che pervadeva tutta la squadra.

Он был удивлен энтузиазмом, охватившим всю команду.

Ancora più sorprendente fu il cambiamento avvenuto in Dave e Solleks.

Еще более удивительной была перемена, произошедшая с Дэйвом и Соллексом.

Questi due cani erano completamente diversi quando venivano imbrigliati.

Эти две собаки были совершенно разными, когда их запрягали.

La loro passività e la loro disattenzione erano completamente scomparse.

Их пассивность и безразличие полностью исчезли.

Erano attenti e attivi, desiderosi di svolgere bene il loro lavoro.

Они были бдительны и активны и стремились хорошо выполнять свою работу.

Si irritavano ferocemente per qualsiasi cosa provocasse ritardi o confusione.

Их сильно раздражало все, что вызывало задержку или путаницу.

Il duro lavoro sulle redini era il centro del loro intero essere.

Тяжелая работа с вожжами была смыслом всего их существования.

Sembrava che l'unica cosa che gli piacesse davvero fosse tirare la slitta.

Похоже, единственным занятием, которое им по-настоящему нравилось, было катание на санях.

Dave era in fondo al gruppo, il più vicino alla slitta.

Дэйв шел в конце группы, ближе всего к саням.

Buck fu messo davanti a Dave e Solleks superò Buck.

Бака поставили перед Дэйвом, а Соллекс вырвался вперед Бака.

Il resto dei cani era disposto in fila indiana davanti a loro.

Остальные собаки выстроились впереди в одну шеренгу.

La posizione di testa in prima linea era occupata da Spitz.

Лидирующую позицию впереди занял Шпиц.

Buck era stato messo tra Dave e Solleks per essere istruito.

Бака поместили между Дэйвом и Соллексом для обучения.

Lui imparava in fretta e gli insegnanti erano risoluti e capaci.

Он быстро учился, а учителя были строгими и способными.

Non permisero mai a Buck di restare a lungo nell'errore.

Они никогда не позволяли Бак долго пребывать в заблуждении.

Quando necessario, impartivano le lezioni con denti affilati.

При необходимости они преподавали уроки, используя острые зубы.

Dave era giusto e dimostrava una saggezza pacata e seria.

Дэйв был справедлив и демонстрировал спокойную, серьезную мудрость.

Non mordeva mai Buck senza una buona ragione.

Он никогда не кусал Бэка без веской причины.

Ma non mancava mai di mordere quando Buck aveva bisogno di essere corretto.

Но он никогда не упускал случая укусить Бак, когда тот нуждался в поправке.

La frusta di François era sempre pronta e sosteneva la loro autorità.

Кнут Франсуа всегда был наготове и подкреплял их авторитет.

Buck scoprì presto che era meglio obbedire che reagire.

Бак вскоре понял, что лучше подчиниться, чем сопротивляться.

Una volta, durante un breve riposo, Buck rimase impigliato nelle redini.

Однажды во время короткого отдыха Бак запутался в поводьях.

Ritardò la partenza e confuse i movimenti della squadra.

Он задержал старт и запутал движение команды.

Dave e Solleks si avventarono su di lui e lo picchiarono duramente.

Дэйв и Соллекс набросились на него и жестоко избили.

La situazione peggiorò ulteriormente, ma Buck imparò bene la lezione.

Ситуация только ухудшилась, но Бак хорошо усвоил урок.

Da quel momento in poi tenne le redini tese e lavorò con attenzione.

С тех пор он держал вожжи натянутыми и работал осторожно.

Prima che la giornata finisse, Buck aveva portato a termine gran parte del suo compito.

До конца дня Бак справился со большей частью своей задачи.

I suoi compagni di squadra quasi smisero di correggerlo o di morderlo.

Его товарищи по команде почти перестали поправлять или кусать его.

La frusta di François schioccava nell'aria sempre meno spesso.

Кнут Франсуа все реже и реже рассекал воздух.

Perrault sollevò addirittura i piedi di Buck ed esaminò attentamente ogni zampa.

Перро даже поднял ноги Бака и внимательно осмотрел каждую лапу.

Era stata una giornata di corsa dura, lunga ed estenuante per tutti loro.

Это был тяжелый дневной забег, долгий и изнурительный для всех.

Risalirono il Cañon, attraversarono Sheep Camp e superarono le Scales.

Они прошли вверх по Каньону, через Овечий лагерь и мимо Скейлса.

Superarono il limite della vegetazione arborea, poi ghiacciai e cumuli di neve alti diversi metri.

Они пересекли границу леса, затем ледники и сугробы глубиной во много футов.

Scalarono il grande e freddo Chilkoot Divide.

Они поднялись на великий холодный и неприступный перевал Чилкут.

Quella cresta elevata si ergeva tra l'acqua salata e l'interno ghiacciato.

Этот высокий хребет находился между соленой водой и замерзшей внутренней частью.

Le montagne custodivano il triste e solitario Nord con ghiaccio e ripide salite.

Горы охраняли печальный и одинокий Север льдами и крутыми подъемами.

Scesero rapidamente lungo una lunga catena di laghi sotto la dorsale.

Они успешно прошли по длинной цепи озер ниже водораздела.

Questi laghi riempivano gli antichi crateri di vulcani spenti.

Эти озера заполнили древние кратеры потухших вулканов.

Quella notte tardi raggiunsero un grande accampamento presso il lago Bennett.

Поздно ночью они достигли большого лагеря на озере Беннетт.

Migliaia di cercatori d'oro erano lì, intenti a costruire barche per la primavera.

Там были тысячи золотоискателей, которые строили лодки к весне.

Il ghiaccio si sarebbe presto rotto e dovevano essere pronti.

Лед скоро должен был тронуться, и им нужно было быть готовыми.

Buck scavò la sua buca nella neve e cadde in un sonno profondo.

Бэк вырыл себе яму в снегу и крепко заснул.

Dormiva come un lavoratore, esausto dopo una dura giornata di lavoro.

Он спал, как рабочий, изнуренный тяжелым трудовым днем.

Ma venne strappato al sonno troppo presto, nell'oscurità.

Но слишком рано в темноте его вытащили из сна.

Fu nuovamente imbrigliato insieme ai suoi compagni e attaccato alla slitta.

Его снова запрягли вместе с товарищами и прикрепили к саням.

Quel giorno percorsero quaranta miglia, perché la neve era ben calpestata.

В тот день они прошли сорок миль, так как снег был хорошо утоптан.

Il giorno dopo, e per molti giorni a seguire, la neve era soffice.

На следующий день и в течение многих последующих дней снег был мягким.

Dovettero farsi strada da soli, lavorando di più e muovendosi più lentamente.

Им пришлось прокладывать путь самим, работая усерднее и двигаясь медленнее.

Di solito, Perrault camminava davanti alla squadra con le ciaspole palmate.

Обычно Перро шел впереди команды в перепончатых снегоступах.

I suoi passi compattavano la neve, facilitando lo spostamento della slitta.

Его шаги утрамбовали снег, и саням стало легче двигаться.

François, che era al timone della barca a vela, a volte prendeva il comando.

Франсуа, управлявший рулем с помощью рулевой колонки, иногда брал управление на себя.

Ma era raro che François prendesse l'iniziativa

Но Франсуа редко брал на себя инициативу.

perché Perrault aveva fretta di consegnare le lettere e i pacchi.

потому что Перро торопился доставить письма и посылки.

Perrault era orgoglioso della sua conoscenza della neve, e in particolare del ghiaccio.

Перро гордился своими знаниями о снеге и особенно о льде.

Questa conoscenza era essenziale perché il ghiaccio autunnale era pericolosamente sottile.

Эти знания были необходимы, поскольку осенний лед был опасно тонким.

Dove l'acqua scorreva rapidamente sotto la superficie non c'era affatto ghiaccio.

Там, где вода текла быстро под поверхностью, льда не было вообще.

Giorno dopo giorno, la stessa routine si ripeteva senza fine.

День за днем одна и та же рутина повторялась без конца.

Buck lavorava senza sosta con le redini, dall'alba alla sera.

Бэк неустанно трудился вожжами с рассвета до ночи.

Lasciarono l'accampamento al buio, molto prima che sorgesse il sole.

Они покинули лагерь в темноте, задолго до восхода солнца.

Quando spuntò l'alba, avevano già percorso molti chilometri.

К тому времени, как наступил рассвет, они уже прошли много миль.

Si accamparono dopo il tramonto, mangiando pesce e scavando buche nella neve.

Они разбили лагерь после наступления темноты, питались рыбой и зарывались в снег.

Buck era sempre affamato e non era mai veramente soddisfatto della sua razione.

Бак всегда был голоден и никогда не был по-настоящему удовлетворен своим пайком.

Riceveva ogni giorno mezzo chilo di salmone essiccato.

Каждый день он получал полтора фунта сушеного лосося.

Ma il cibo sembrò svanire dentro di lui, lasciandogli solo la fame.

Но еда словно исчезла внутри него, оставив голод.

Soffriva di continui morsi della fame e sognava di avere più cibo.

Он страдал от постоянных мук голода и мечтал о большем количестве еды.

Gli altri cani hanno ricevuto solo mezzo chilo di cibo, ma sono rimasti forti.

Остальные собаки получили всего один фунт еды, но они остались сильными.

Erano più piccoli ed erano nati in una società nordica.

Они были меньше ростом и родились в северных условиях.

Perse rapidamente la pignoleria che aveva caratterizzato la sua vecchia vita.

Он быстро утратил привередливость, которая была свойственна его прежней жизни.

Fino a quel momento era stato un mangiatore prelibato, ma ora non gli era più possibile.

Раньше он был привередливым едоком, но теперь это стало невозможно.

I suoi compagni arrivarono primi e gli rubarono la razione rimasta.

Его товарищи закончили первыми и отобрали у него недоеденный паек.

Una volta cominciati, non c'era più modo di difendere il cibo da loro.

Как только они появились, защитить от них еду стало невозможно.

Mentre lui lottava contro due o tre cani, gli altri rubarono il resto.

Пока он отбивался от двух-трех собак, остальные украли остальных.

Per risolvere il problema, cominciò a mangiare velocemente come mangiavano gli altri.

Чтобы исправить это, он начал есть так же быстро, как и остальные.

La fame lo spingeva così forte che arrivò persino a prendere del cibo non suo.

Голод довел его до того, что он даже принял чужую пищу.

Osservò gli altri e imparò rapidamente dalle loro azioni.

Он наблюдал за другими и быстро учился на их действиях.

Vide Pike, un nuovo cane, rubare una fetta di pancetta a Perrault.

Он увидел, как Пайк, новая собака, украла у Перро кусок бекона.

Pike aveva aspettato che Perrault gli voltasse le spalle per rubare la pagnotta.

Пайк дождался, пока Перро отвернется, чтобы украсть бекон.

Il giorno dopo, Buck copiò Pike e rubò l'intero pezzo.

На следующий день Бак скопировал Пайка и украл весь кусок.

Seguì un gran tumulto, ma Buck non fu sospettato.

Поднялся большой шум, но Бака никто не заподозрил.

Al suo posto venne punito Dub, un cane goffo che veniva sempre beccato.

Вместо этого наказали Даба, неуклюжего пса, которого всегда ловили.

Quel primo furto fece di Buck un cane adatto a sopravvivere al Nord.

Эта первая кража показала, что Бак — собака, способная выжить на Севере.

Ha dimostrato di sapersi adattare alle nuove condizioni e di saper imparare rapidamente.

Он показал, что может адаптироваться к новым условиям и быстро учиться.

Senza tale adattabilità, sarebbe morto rapidamente e gravemente.

Без такой способности к адаптации он бы быстро и мучительно умер.

Segnò anche il crollo della sua natura morale e dei suoi valori passati.

Это также означало крах его моральных устоев и прошлых ценностей.

Nel Southland aveva vissuto secondo la legge dell'amore e della gentilezza.

На Юге он жил по законам любви и доброты.

Lì aveva senso rispettare la proprietà e i sentimenti degli altri cani.

В этом случае имело смысл уважать собственность и чувства других собак.

Ma i Northland seguivano la legge del bastone e la legge della zanna.

Но Северяне следовали закону дубинки и закону клыка.

Chiunque rispettasse i vecchi valori era uno sciocco e avrebbe fallito.

Тот, кто здесь уважал старые ценности, был глупцом и потерпит неудачу.

Buck non rifletté su tutto questo nella sua mente.

Бак не обдумывал все это в уме.

Era in forma e quindi si adattò senza pensarci due volte.

Он был в форме, поэтому приспособился, не задумываясь.

In tutta la sua vita non era mai fuggito da una rissa.

За всю свою жизнь он ни разу не уклонился от драки.

Ma la mazza di legno dell'uomo con il maglione rosso cambiò la regola.

Но деревянная дубинка человека в красном свитере изменила это правило.

Ora seguiva un codice più profondo e antico, inscritto nel suo essere.

Теперь он следовал более глубокому, древнему коду, заложенному в его существе.

Non rubava per piacere, ma per il dolore della fame.

Он воровал не из удовольствия, а из-за муки голода.

Non rubava mai apertamente, ma rubava con astuzia e attenzione.

Он никогда не грабил открыто, но воровал хитро и осторожно.

Agì per rispetto verso la clava di legno e per paura delle zanne.

Он действовал из уважения к деревянной дубинке и страха перед клыками.

In breve, ha fatto ciò che era più facile e sicuro che non farlo.

Короче говоря, он сделал то, что было проще и безопаснее, чем не сделать.

Il suo sviluppo, o forse il suo ritorno ai vecchi istinti, fu rapido.

Его развитие — или, может быть, возвращение к старым инстинктам — было быстрым.

I suoi muscoli si indurirono fino a diventare forti come il ferro.

Его мышцы окрепли и стали крепче железа.

Non gli importava più del dolore, a meno che non fosse grave.

Его больше не волновала боль, если только она не была серьезной.

Divenne efficiente dentro e fuori, senza sprecare nulla.

Он стал эффективным как внешне, так и внутренне, не теряя ничего впустую.

Poteva mangiare cose disgustose, marce o difficili da digerire.

Он мог есть отвратительную, гнилую или трудноперевариваемую пищу.

Qualunque cosa mangiasse, il suo stomaco ne sfruttava ogni singolo pezzetto di valore.

Что бы он ни ел, его желудок использовал все до последней капли.

Il suo sangue trasportava i nutrienti in tutto il suo potente corpo.

Его кровь разносила питательные вещества по всему его сильному телу.

Ciò gli ha permesso di sviluppare tessuti forti che gli hanno conferito un'incredibile resistenza.

Это позволило сформировать крепкие ткани, которые дали ему невероятную выносливость.

La sua vista e il suo olfatto diventarono molto più sensibili di prima.

Его зрение и обоняние стали гораздо более чувствительными, чем раньше.

Il suo udito diventò così acuto che riusciva a percepire anche i suoni più deboli durante il sonno.

Его слух стал настолько острым, что он мог улавливать слабые звуки во сне.

Nei sogni sapeva se quei suoni significavano sicurezza o pericolo.

Во сне он знал, означают ли эти звуки безопасность или опасность.

Imparò a mordere con i denti il ghiaccio tra le dita dei piedi.

Он научился кусать лед между пальцами ног зубами.

Se una pozza d'acqua si ghiacciava, lui rompeva il ghiaccio con le gambe.

Если водоем замерзал, он разбивал лед ногами.

Si impennò e colpì duramente il ghiaccio con gli arti anteriori rigidi.

Он встал на дыбы и сильно ударил по льду напряженными передними конечностями.

La sua abilità più sorprendente era quella di prevedere i cambiamenti del vento durante la notte.

Его самой поразительной способностью было предсказание изменений ветра за одну ночь.

Anche quando l'aria era immobile, sceglieva luoghi riparati dal vento.

Даже когда воздух был неподвижен, он выбирал места, защищенные от ветра.

Ovunque scavasse il nido, il vento del giorno dopo lo superava.

Где бы он ни рыл свое гнездо, ветер следующего дня обходил его стороной.

Alla fine si ritrovava sempre al sicuro e protetto, al riparo dal vento.

Он всегда оказывался в уютном и защищенном месте, с подветренной стороны от ветра.

Buck non solo imparò dall'esperienza: anche il suo istinto tornò.

Бак не только извлек уроки из опыта, к нему вернулись и инстинкты.

Le abitudini delle generazioni addomesticate cominciarono a scomparire.

Привычки одомашненных поколений начали исчезать.

Ricordava vagamente i tempi antichi della sua razza.

Он смутно помнил древние времена своей расы.

Ripensò a quando i cani selvatici correvano in branco nelle foreste.

Он вспомнил времена, когда дикие собаки стаями бегали по лесам.

Avevano inseguito e ucciso la loro preda mentre la inseguivano.

Они преследовали свою добычу и убивали ее, преследуя ее.

Per Buck fu facile imparare a combattere con forza e velocità.

Бэку было легко научиться драться зубами и скоростью.

Come i suoi antenati, usava tagli, squarci e schiocchi rapidi.

Он использовал удары, режущие движения и быстрые щелчки, как и его предки.

Quegli antenati si risvegliarono in lui e risvegliarono la sua natura selvaggia.

Эти предки пробудили в нем дикую природу.

Le loro vecchie abilità gli erano state trasmesse attraverso la linea di sangue.

Их старые навыки передались ему по крови.

Ora i loro trucchi erano suoi, senza bisogno di pratica o sforzo.

Теперь их трюки принадлежали ему, и для этого не требовалось никакой практики или усилий.

Nelle notti fredde e tranquille, Buck sollevava il naso e ululò.

В тихие, холодные ночи Бак поднимал нос и выл.

Ululò a lungo e profondamente, come facevano i lupi tanto tempo fa.

Он выл долго и басисто, как это делали волки много лет назад.

Attraverso di lui, i suoi antenati defunti puntarono il naso e ulularono.

Через него его мертвые предки высовывали свои носы и выли.

Hanno ululato attraverso i secoli con la sua voce e la sua forma.

Они выли сквозь века его голосом и формой.

Le sue cadenze erano le loro, vecchi gridi che parlavano di dolore e di freddo.

Его интонации были их собственными, это были старые крики, повествующие о горе и холоде.

Cantavano dell'oscurità, della fame e del significato dell'inverno.

Они пели о тьме, голоде и значении зимы.

Buck ha dimostrato come la vita sia plasmata da forze che vanno oltre noi stessi,

Бак доказал, что жизнь формируется силами, находящимися вне нас,

l'antico canto risuonò nelle vene di Buck e si impadronì della sua anima.

древняя песня пронзила Бэка и завладела его душой.

Ritrovò se stesso perché gli uomini avevano trovato l'oro nel Nord.

Он нашел себя, потому что люди нашли золото на Севере.

E lo trovò perché Manuel, l'aiutante giardiniere, aveva bisogno di soldi.

И он нашел себя, потому что Мануэлю, помощнику садовника, нужны были деньги.

La Bestia Primordiale Dominante
Господствующий Первобытный Зверь

La bestia primordiale dominante era più forte che mai in Buck.

Доминирующий первобытный зверь был силен как никогда прежде в Баке.

Ma la bestia primordiale dominante era rimasta dormiente in lui.

Но доминирующий первобытный зверь дремал в нем.

La vita sui sentieri era dura, ma rafforzava la bestia che era in Buck.

Жизнь на тропе была суровой, но она закалила зверя внутри Бака.

Segretamente la bestia diventava sempre più forte ogni giorno.

Втайне зверь с каждым днем становился все сильнее и сильнее.

Ma quella crescita interiore è rimasta nascosta al mondo esterno.

Но этот внутренний рост оставался скрытым от внешнего мира.

Una forza primordiale calma e silenziosa si stava formando dentro Buck.

Внутри Бака нарастала тихая и спокойная первобытная сила.

Una nuova astuzia diede a Buck equilibrio, calma e compostezza.

Новая хитрость дала Бак равновесие, спокойный контроль и уравновешенность.

Buck si concentrò molto sull'adattamento, senza mai sentirsi completamente rilassato.

Бак сосредоточился на адаптации, никогда не чувствуя себя полностью расслабленным.

Evitava i conflitti, non iniziava mai litigi e non cercava mai guai.

Он избегал конфликтов, никогда не начинал драк и не искал неприятностей.

Ogni mossa di Buck era scandita da una riflessione lenta e costante.

Медленная, размеренная задумчивость определяла каждое движение Бака.

Evitava scelte avventate e decisioni improvvise e sconsiderate.

Он избегал необдуманных решений и внезапных, безрассудных поступков.

Sebbene Buck odiasse profondamente Spitz, non gli mostrò alcuna aggressività.

Хотя Бак люто ненавидел Шпица, он не проявлял к нему агрессии.

Buck non provocò mai Spitz e mantenne le sue azioni moderate.

Бак никогда не провоцировал Шпица и вел себя сдержанно.

Spitz, d'altro canto, percepì il pericolo crescente in Buck.

С другой стороны, Шпиц чувствовал растущую опасность в Баке.

Vedeva Buck come una minaccia e una seria sfida al suo potere.

Он видел в Баке угрозу и серьезный вызов своей власти.

Coglieva ogni occasione per ringhiare e mostrare i suoi denti aguzzi.

Он использовал любую возможность, чтобы зарычать и показать свои острые зубы.

Stava cercando di dare inizio allo scontro mortale che sarebbe dovuto avvenire.

Он пытался начать смертельную схватку, которая должна была произойти.

All'inizio del viaggio, tra loro scoppiò quasi una lite.

В начале поездки между ними едва не вспыхнула драка.

Ma un incidente inaspettato impedì che il combattimento avesse luogo.

Однако неожиданный инцидент помешал проведению боя.

Quella sera si accamparono sul gelido lago Le Barge.

Вечером они разбили лагерь на очень холодном озере Ле-Барж.

La neve cadeva fitta e il vento era tagliente come una lama.

Шел сильный снег, а ветер резал как нож.

La notte era scesa troppo in fretta e l'oscurità li aveva avvolti.

Ночь наступила слишком быстро, и их окружила тьма.

Difficilmente avrebbero potuto scegliere un posto peggiore per riposare.

Худшего места для отдыха они вряд ли могли выбрать.

I cani cercavano disperatamente un posto dove sdraiarsi.

Собаки отчаянно искали место, где можно было бы лечь.

Dietro il piccolo gruppo si ergeva un'alta parete rocciosa.

Позади небольшой группы круто возвышалась высокая каменная стена.

Per alleggerire il carico, la tenda era stata lasciata a Dyea.

Палатку оставили в Дайе, чтобы облегчить груз.

Non avevano altra scelta che accendere il fuoco direttamente sul ghiaccio.

У них не было выбора, кроме как развести огонь прямо на льду.

Stendevano i loro accappatoi direttamente sul lago ghiacciato.

Они расстелили свои спальные халаты прямо на замерзшем озере.

Qualche pezzo di legno galleggiante dava loro un po' di fuoco.

Несколько палочек из плавника дали им немного огня.

Ma il fuoco è stato acceso sul ghiaccio e attraverso di esso si è scongelato.

Но огонь разгорелся на льду и растопил его.

Alla fine cenarono al buio.

В конце концов они ужинали в темноте.

Buck si rannicchiò accanto alla roccia, al riparo dal vento freddo.

Бэк свернулся калачиком возле скалы, укрывшись от холодного ветра.

Il posto era così caldo e sicuro che Buck non voleva andarsene.

Место было таким теплым и безопасным, что Бак не хотелось уезжать.

Ma François aveva scaldato il pesce e stava distribuendo le razioni.

Но Франсуа разогрел рыбу и раздавал пайки.

Buck finì di mangiare in fretta e tornò a letto.

Бак быстро закончил есть и вернулся в постель.

Ma Spitz ora giaceva dove Buck aveva preparato il suo letto.

Но Шпиц теперь лежал там, где Бак устроил себе постель.

Un ringhio basso avvertì Buck che Spitz si rifiutava di muoversi.

Низкий рык предупредил Бака, что Шпиц отказывается двигаться.

Finora Buck aveva evitato lo scontro con Spitz.

До сих пор Бак избегал боя со Шпицем.

Ma nel profondo di Buck la bestia alla fine si liberò.

Но глубоко внутри Бака зверь наконец вырвался на свободу.

Il furto del suo posto letto era troppo da tollerare.

Кража его спального места оказалась невыносимой.

Buck si lanciò contro Spitz, pieno di rabbia e furore.

Бак бросился на Шпица, полный гнева и ярости.

Fino a quel momento Spitz aveva pensato che Buck fosse solo un grosso cane.

До этого Шпиц считал Бака просто большой собакой.

Non pensava che Buck fosse sopravvissuto grazie al suo spirito.

Он не думал, что Бак выжил благодаря своему духу.

Si aspettava paura e codardia, non furia e vendetta.

Он ожидал страха и трусости, а не ярости и мести.

François rimase a guardare mentre entrambi i cani schizzavano fuori dal nido in rovina.

Франсуа наблюдал, как обе собаки выскочили из разрушенного гнезда.

Capì subito cosa aveva scatenato quella violenta lotta.

Он сразу понял, что послужило причиной этой яростной борьбы.

"Aa-ah!" gridò François in sostegno del cane marrone.

«Аа-а!» — закричал Франсуа, поддерживая коричневую собаку.

"Dategli una bella lezione! Per Dio, punite quel ladro furbo!"

"Дай ему пинка! Богом клянусь, накажи этого подлого вора!"

Spitz dimostrò altrettanta prontezza e fervore nel combattere.

Шпиц проявил такую же готовность и дикое рвение к борьбе.

Gridò di rabbia mentre girava velocemente in tondo, cercando un varco.

Он закричал от ярости, быстро кружа в поисках выхода.

Buck mostrò la stessa fame di combattere e la stessa cautela.

Бак проявил ту же жажду борьбы и ту же осторожность.

Anche lui girò intorno al suo avversario, cercando di avere la meglio nella battaglia.

Он также кружил вокруг своего противника, пытаясь одержать верх в бою.

Poi accadde qualcosa di inaspettato e cambiò tutto.

Затем произошло нечто неожиданное и все изменило.

Quel momento ritardò l'eventuale lotta per la leadership.

Этот момент отсрочил окончательную борьбу за лидерство.

Ci sarebbero ancora molti chilometri di sentiero e di lotta da percorrere prima della fine.

До конца их ждало еще много миль пути и борьбы.

Perrault urlò un'imprecazione mentre una mazza colpiva l'osso.

Перро выкрикнул ругательство, когда дубинка ударила по кости.

Seguì un acuto grido di dolore, poi il caos esplose tutt'intorno.

Раздался резкий вопль боли, а затем вокруг воцарился хаос.

Forme scure si muovevano nell'accampamento: husky selvatici, affamati e feroci.

По лагерю двигались темные тени: дикие лайки, голодные и свирепые.

Quattro o cinque dozzine di husky avevano fiutato l'accampamento da molto lontano.

Четыре или пять десятков лаек издалека почуяли лагерь.

Si erano introdotti furtivamente mentre i due cani litigavano lì vicino.

Они тихо пробрались внутрь, пока две собаки дрались неподалёку.

François e Perrault si lanciarono all'attacco, colpendo con i manganelli gli invasori.

Франсуа и Перро бросились в атаку, размахивая дубинками в сторону захватчиков.

Gli husky affamati mostrarono i denti e si dibatterono freneticamente.

Голодные хаски оскалили зубы и яростно отбивались.

L'odore della carne e del pane li aveva fatti superare ogni paura.

Запах мяса и хлеба заставил их забыть о страхе.

Perrault picchiò un cane che aveva nascosto la testa nella buca delle vivande.

Перро избил собаку, которая зарылась головой в ящик со съестными припасами.

Il colpo fu violento e la scatola si ribaltò, facendo fuoriuscire il cibo.

Удар был сильным, коробка перевернулась, и еда высыпалась.

Nel giro di pochi secondi, una ventina di bestie feroci si avventarono sul pane e sulla carne.

За считанные секунды десятки диких зверей набросились на хлеб и мясо.

I bastoni degli uomini sferrarono un colpo dopo l'altro, ma nessun cane si allontanò.

Мужские дубинки наносили удар за ударом, но ни одна собака не отвернулась.

Urlavano di dolore, ma continuarono a lottare finché non rimase più cibo.

Они выли от боли, но сражались до тех пор, пока не осталась еда.

Nel frattempo i cani da slitta erano saltati giù dalle loro culle innevate.

Тем временем ездовые собаки выпрыгнули из своих снежных постелей.

Furono immediatamente attaccati dai feroci e affamati husky.

На них тут же напали свирепые голодные хаски.

Buck non aveva mai visto prima creature così selvagge e affamate.

Бак никогда раньше не видел таких диких и голодных существ.

La loro pelle pendeva flaccida, nascondendo a malapena lo scheletro.

Кожа у них свисала свободно, едва скрывая скелеты.

C'era un fuoco nei loro occhi, per fame e follia

В их глазах горел огонь от голода и безумия.

Non c'era modo di fermarli, di resistere al loro assalto selvaggio.

Их невозможно было остановить, невозможно было противостоять их дикому натиску.

I cani da slitta vennero spinti indietro e premuti contro la parete della scogliera.

Собачьи упряжки были отброшены назад и прижаты к скале.

Tre husky attaccarono Buck contemporaneamente, lacerandogli la carne.

Три лайки одновременно напали на Бэка, разрывая его плоть.

Il sangue gli colava dalla testa e dalle spalle, dove era stato tagliato.

Кровь текла из его головы и плеч, где он был порезан.

Il rumore riempì l'accampamento: ringhi, guaiti e grida di dolore.

Шум наполнил лагерь: рычание, визги и крики боли.

Billee pianse forte, come al solito, presa dal panico e dalla mischia.

Билли, как обычно, громко закричал, охваченный дракой и паникой.

Dave e Solleks rimasero fianco a fianco, sanguinanti ma con aria di sfida.

Дэйв и Соллекс стояли бок о бок, истекая кровью, но сохраняя непокорность.

Joe lottava come un demonio, mordendo tutto ciò che gli si avvicinava.

Джо сражался как демон, кусая все, что приближалось.

Con un violento schiocco di mascelle schiacciò la zampa di un husky.

Одним резким движением челюстей он раздавил ногу хаски.

Pike saltò sull'husky ferito e gli ruppe il collo all'istante.

Пайк прыгнул на раненую лайку и мгновенно сломал ей шею.

Buck afferrò un husky per la gola e gli strappò la vena.

Бэк схватил лайку за горло и перерезал ей вену.

Il sangue schizzò e il sapore caldo mandò Buck in delirio.

Брызнула кровь, и ее теплый вкус привел Бака в ярость.

Si lanciò contro un altro aggressore senza esitazione.

Он без колебаний бросился на другого нападавшего.

Nello stesso momento, denti aguzzi si conficcarono nella gola di Buck.

В тот же момент острые зубы впились в горло Бака.

Spitz aveva colpito di lato, attaccando senza preavviso.

Шпиц нанес удар сбоку, атаковав без предупреждения.

Perrault e François avevano sconfitto i cani rubando il cibo.

Перро и Франсуа победили собак, воровавших еду.

Ora si precipitarono ad aiutare i loro cani a respingere gli aggressori.

Теперь они бросились помогать своим собакам отбиваться от нападавших.

I cani affamati si ritirarono mentre gli uomini roteavano i loro manganelli.

Голодные собаки отступили, когда мужчины замахнулись дубинками.

Buck riuscì a liberarsi dall'attacco, ma la fuga fu breve.

Бак вырвался из-под атаки, но побег был недолгим.

Gli uomini corsero a salvare i loro cani e gli husky tornarono ad attaccarli.

Мужчины побежали спасать своих собак, и лайки снова набросились.

Billee, spaventato e coraggioso, si lanciò nel branco di cani.

Билли, набравшись храбрости и испугавшись, прыгнул в стаю собак.

Ma poi fuggì attraverso il ghiaccio, in preda al terrore e al panico.

Но затем он побежал по льду, охваченный ужасом и паникой.

Pike e Dub li seguirono da vicino, correndo per salvarsi la vita.

Пайк и Даб последовали за ними, спасая свои жизни.

Il resto della squadra si disperse e li inseguì.

Остальная часть команды разбежалась и последовала за ними.

Buck raccolse le forze per correre, ma poi vide un lampo.

Бак собрался с силами, чтобы бежать, но тут увидел вспышку.

Spitz si lanciò verso Buck, cercando di buttarlo a terra.

Шпиц бросился на Бака, пытаясь повалить его на землю.

Sotto quella banda di husky, Buck non avrebbe avuto scampo.

Под толпой хаски Бак было не скрыться.

Ma Buck rimase fermo e si preparò al colpo di Spitz.

Но Бак держался стойко и приготовился к удару Шпица.

Poi si voltò e corse sul ghiaccio con la squadra in fuga.

Затем он повернулся и выбежал на лед вместе с убегающей командой.

Più tardi i nove cani da slitta si radunarono al riparo del bosco.

Позже девять ездовых собак собрались под прикрытием леса.

Nessuno li inseguiva più, ma erano malconci e feriti.

За ними больше никто не гнался, но они были избиты и ранены.

Ogni cane presentava delle ferite: quattro o cinque tagli profondi su ogni corpo.

У каждой собаки были раны: по четыре-пять глубоких порезов на теле.

Dub aveva una zampa posteriore ferita e ora faceva fatica a camminare.

У Даба была травмирована задняя лапа, и теперь ему было трудно ходить.

Dolly, l'ultimo cane arrivato da Dyea, aveva la gola tagliata.

У Долли, новой собаки из Дайи, было перерезано горло.

Joe aveva perso un occhio e l'orecchio di Billee era stato tagliato a pezzi

Джо потерял глаз, а ухо Билли было разорвано на куски.

Tutti i cani piansero per il dolore e la sconfitta durante la notte.

Все собаки всю ночь плакали от боли и поражения.

All'alba tornarono lentamente all'accampamento, doloranti e distrutti.

На рассвете они вернулись в лагерь, измученные и сломленные.

Gli husky erano scomparsi, ma il danno era fatto.

Хаски исчезли, но ущерб уже был нанесен.

Perrault e François erano di pessimo umore e osservavano le rovine.

Перро и Франсуа стояли над руинами в отвратительном настроении.

Metà del cibo era sparito, rubato dai ladri affamati.

Половину еды унесли голодные воры.

Gli husky avevano strappato le corde e la tela della slitta.

Хаски разорвали крепления и брезент саней.

Tutto ciò che aveva odore di cibo era stato divorato completamente.

Все, что имело запах еды, было полностью съедено.

Mangiarono un paio di stivali da viaggio in pelle di alce di Perrault.

Они съели пару дорожных сапог Перро из лосиной шкуры.

Hanno masticato le pelli e rovinato i cinturini rendendoli inutilizzabili.

Они изгрызли кожаные реи и испортили ремни до такой степени, что они стали непригодными для использования.

François smise di fissare la frusta strappata per controllare i cani.

Франсуа перестал смотреть на порванную плеть, чтобы проверить собак.

«Ah, amici miei», disse con voce bassa e preoccupata.

«Ах, друзья мои», — сказал он тихим голосом, полным беспокойства.

"Forse tutti questi morsi vi trasformeranno in bestie pazze."

«Может быть, все эти укусы превратят вас в бешеных зверей».

"Forse tutti cani rabbiosi, sacredam! Che ne pensi, Perrault?"

«Может быть, все они бешеные собаки, святейший! Что ты думаешь, Перро?»

Perrault scosse la testa, con gli occhi scuri per la preoccupazione e la paura.

Перро покачал головой, глаза его потемнели от беспокойства и страха.

C'erano ancora quattrocento miglia tra loro e Dawson.

Между ними и Доусоном лежало еще четыреста миль.

La follia dei cani potrebbe ormai distruggere ogni possibilità di sopravvivenza.

Собачье безумие теперь может уничтожить любые шансы на выживание.

Hanno passato due ore a imprecare e a cercare di riparare l'attrezzatura.

Они потратили два часа, ругаясь и пытаясь починить снаряжение.

La squadra ferita alla fine lasciò l'accampamento, distrutta e sconfitta.

Раненая команда в конце концов покинула лагерь, разбитая и побежденная.

Questo è stato il sentiero più duro finora e ogni passo è stato doloroso.

Это был самый трудный путь, и каждый шаг давался с болью.

Il fiume Thirty Mile non era ghiacciato e scorreva impetuoso.

Река Тридцатая Миля не замерзла и бурно бурлила.

Soltanto nei punti calmi e nei vortici il ghiaccio riusciva a resistere.

Лишь в спокойных местах и бурных водоворотах лед удерживался.

Trascorsero sei giorni di duro lavoro per percorrere le trenta miglia.

Прошло шесть дней тяжелого труда, прежде чем тридцать миль были пройдены.

Ogni miglio del sentiero porta con sé pericoli e minacce di morte.

Каждая миля пути приносила опасность и угрозу смерти.

Uomini e cani rischiavano la vita a ogni passo doloroso.

Люди и собаки рисковали своей жизнью на каждом болезненном шагу.

Perrault riuscì a superare i sottili ponti di ghiaccio una dozzina di volte.

Перро прорывал тонкие ледяные мосты дюжину раз.

Prese un palo e lo lasciò cadere nel buco creato dal suo corpo.

Он взял шест и бросил его через яму, образовавшуюся от
его тела.

Quel palo salvò Perrault più di una volta dall'annegamento.

Этот шест не раз спасал Перро от утопления.

**L'ondata di freddo persisteva, la temperatura era di
cinquanta gradi sotto zero.**

Похолодание сохранялось, температура воздуха
составляла пятьдесят градусов ниже нуля.

**Ogni volta che cadeva, Perrault era costretto ad accendere un
fuoco per sopravvivere.**

Каждый раз, когда Перро падал, ему приходилось
разжигать огонь, чтобы выжить.

**Gli abiti bagnati si congelavano rapidamente, perciò li
faceva asciugare vicino al calore cocente.**

Мокрая одежда быстро замерзала, поэтому он сушил ее
на сильном огне.

**Perrault non provava mai paura, e questo faceva di lui un
corriere.**

Никакой страх никогда не касался Перро, и это сделало
его курьером.

**Fu scelto per affrontare il pericolo e lo affrontò con
silenziosa determinazione.**

Его выбрали для опасности, и он встретил ее со спокойной
решимостью.

**Si spinse in avanti controvento, con il viso raggrinzito e
congelato.**

Он двинулся вперед навстречу ветру, его сморщенное
лицо было обморожено.

Perrault li guidò in avanti dall'alba al tramonto.

От слабого рассвета до наступления темноты Перро вел их
вперед.

**Camminava sul ghiaccio sottile che scricchiolava a ogni
passo.**

Он шел по узкому льду, который трескался при каждом
шаге.

**Non osavano fermarsi: ogni pausa rischiava di provocare un
crollo mortale.**

Они не осмеливались останавливаться — каждая пауза
грозила смертельным исходом.

Una volta la slitta si ruppe, trascinando dentro Dave e Buck.

Однажды сани прорвались, затянув Дэйва и Бака.

Quando furono liberati, entrambi erano quasi congelati.

К тому времени, как их вытащили на свободу, оба были
почти замёрзшими.

**Gli uomini accesero rapidamente un fuoco per salvare Buck
e Dave.**

Мужчины быстро развели костер, чтобы спасти Бака и
Дэйва.

**I cani erano ricoperti di ghiaccio dal naso alla coda, rigidi
come legno intagliato.**

Собаки были покрыты льдом от носа до хвоста, жесткие,
как резное дерево.

**Gli uomini li fecero correre in cerchio vicino al fuoco per
scongelarne i corpi.**

Мужчины водили их кругами возле костра, чтобы согреть
их тела.

**Si avvicinarono così tanto alle fiamme che la loro pelliccia
rimase bruciacchiata.**

Они подошли так близко к огню, что их шерсть обгорела.

**Spitz ruppe poi il ghiaccio, trascinando dietro di sé la
squadra.**

Следующим из-под льда прорвался Шпиц, увлекая за
собой команду.

La frenata arrivava fino al punto in cui Buck stava tirando.

Разрыв дошел до того места, где тянул Бак.

**Buck si appoggiò bruscamente allo schienale, con le zampe
che scivolavano e tremavano sul bordo.**

Бэк резко откинулся назад, его лапы скользили и дрожали
на краю.

**Anche Dave si sforzò all'indietro, proprio dietro Buck sulla
linea.**

Дэйв также отступил назад, оказавшись на линии сразу за
Баком.

François tirava la slitta e i suoi muscoli scricchiolavano per lo sforzo.

Франсуа тащил сани, его мышцы трещали от усилий.

Un'altra volta, il ghiaccio del bordo si è crepato davanti e dietro la slitta.

В другой раз край льда треснул перед санями и позади них.

Non avevano altra via d'uscita se non quella di arrampicarsi su una parete ghiacciata.

У них не было другого выхода, кроме как карабкаться по замерзшей скале.

In qualche modo Perrault riuscì a scalare il muro: un miracolo lo tenne in vita.

Перро каким-то образом перелез через стену; чудо сохранило ему жизнь.

François rimase sottocoperta, pregando che gli capitasse la stessa fortuna.

Франсуа остался внизу, молясь о такой же удаче.

Legarono ogni cinghia, legatura e tirante in un'unica lunga corda.

Они связали все ремни, обвязки и постромки в одну длинную веревку.

Gli uomini trascinarono i cani uno alla volta fino in cima.

Мужчины по одной подняли собак наверх.

François salì per ultimo, dopo la slitta e tutto il carico.

Франсуа поднялся последним, после саней и всего груза.

Poi iniziò una lunga ricerca di un sentiero che scendesse dalle scogliere.

Затем начались долгие поиски тропы, ведущей вниз со скал.

Alla fine scesero utilizzando la stessa corda che avevano costruito.

В конце концов они спустились, используя ту же веревку, которую сделали сами.

Scese la notte mentre tornavano al letto del fiume, esausti e doloranti.

Наступила ночь, когда они вернулись к руслу реки, измученные и больные.

Avevano impiegato un giorno intero per percorrere solo un quarto di miglio.

За целый день им удалось продвинуться всего на четверть мили.

Quando giunsero all'Hootalinqua, Buck era sfinito.

К тому времени, как они добрались до Хуталинква, Бак был измотан.

Anche gli altri cani soffrivano le stesse condizioni del sentiero.

Другие собаки так же сильно пострадали от условий тропы.

Ma Perrault aveva bisogno di recuperare tempo e li spingeva avanti giorno dopo giorno.

Но Перро нужно было наверстать упущенное, и он подталкивал их вперед каждый день.

Il primo giorno percorsero trenta miglia fino a Big Salmon.

В первый день они прошли тридцать миль до Биг-Салмона.

Il giorno dopo percorsero trentacinque miglia fino a Little Salmon.

На следующий день они проделали путь в тридцать пять миль до Литл-Салмона.

Il terzo giorno percorsero quaranta miglia ghiacciate.

На третий день они преодолели сорок миль по замерзшей дороге.

A quel punto si stavano avvicinando all'insediamento di Five Fingers.

К тому времени они приближались к поселению Файв-Фингерс.

I piedi di Buck erano più morbidi di quelli duri degli husky autoctoni.

Копыта Бака были мягче, чем твердые копыта местных лаек.

Le sue zampe erano diventate tenere nel corso di molte generazioni civilizzate.

За многие цивилизованные поколения его лапы стали нежными.

Molto tempo fa, i suoi antenati erano stati addomesticati dagli uomini del fiume o dai cacciatori.

Давным-давно его предки были приручены речными людьми или охотниками.

Ogni giorno Buck zoppicava per il dolore, camminando con le zampe screpolate e doloranti.

Каждый день Бак хромал от боли, ступая на ободранных, ноющих лапах.

Giunto all'accampamento, Buck cadde come un corpo senza vita sulla neve.

В лагере Бак безжизненно рухнул на снег.

Sebbene fosse affamato, Buck non si alzò per consumare il pasto serale.

Несмотря на голод, Бак не встал, чтобы поужинать.

François portò la sua razione a Buck, mettendogli del pesce vicino al muso.

Франсуа принес Бак его паек, положив рыбу ему на морду.

Ogni notte l'autista massaggiava i piedi di Buck per mezz'ora.

Каждый вечер водитель в течение получаса растирал Бак ноги.

François arrivò persino a tagliare i suoi mocassini per farne delle calzature per cani.

Франсуа даже разрезал свои собственные мокасины, чтобы сделать из них обувь для собак.

Quattro scarpe calde diedero a Buck un grande e gradito sollievo.

Четыре теплых ботинка принесли Бак большое и долгожданное облегчение.

Una mattina François dimenticò le scarpe e Buck si rifiutò di alzarsi.

Однажды утром Франсуа забыл туфли, а Бак отказался вставать.

Buck giaceva sulla schiena, con i piedi in aria, e li agitava in modo pietoso.

Бак лежал на спине, задрав ноги в воздух, и жалобно ими размахивал.

Persino Perrault sorrise alla vista dell'appello drammatico di Buck.

Даже Перро ухмыльнулся, увидев драматическую мольбу Бака.

Ben presto i piedi di Buck diventarono duri e le scarpe poterono essere tolte.

Вскоре ноги Бака затвердели, и обувь пришлось выбросить.

A Pelly, durante il periodo in cui veniva imbrigliata, Dolly emise un ululato terribile.

В Пелли, во время запряжки, Долли издала ужасный вой.

Il grido era lungo e pieno di follia, e fece tremare tutti i cani.

Крик был долгим и полным безумия, потрясшим каждую собаку.

Ogni cane si rizzava per la paura, senza capirne il motivo.

Каждая собака ощетинилась от страха, не понимая причины.

Dolly era impazzita e si era scagliata contro Buck.

Долли сошла с ума и бросилась прямо на Бака.

Buck non aveva mai visto la follia, ma l'orrore gli riempì il cuore.

Бак никогда не видел безумия, но ужас наполнил его сердце.

Senza pensarci due volte, si voltò e fuggì in preda al panico più assoluto.

Не раздумывая, он повернулся и в панике бросился бежать.

Dolly lo inseguì, con gli occhi selvaggi e la saliva che le colava dalle fauci.

Долли погналась за ним, ее глаза были дикими, слюна летела из ее пасти.

Si tenne sempre dietro a Buck, senza mai guadagnare terreno e senza mai indietreggiare.

Она держалась сразу за Баком, не отставая и не нагоняя его.

Buck corse attraverso i boschi, giù per l'isola, sul ghiaccio frastagliato.

Бак бежал через лес, по острову, по неровному льду.

Attraversò un'isola, poi un'altra, per poi tornare indietro verso il fiume.

Он переправился на остров, затем на другой, а затем вернулся обратно к реке.

Dolly continuava a inseguirlo, ringhiando sempre più forte a ogni passo.

Долли продолжала преследовать его, и ее рычание раздавалось на каждом шагу.

Buck poteva sentire il suo respiro e la sua rabbia, anche se non osava voltarsi indietro.

Бак слышал ее дыхание и ярость, хотя не осмеливался оглядываться.

François gridò da lontano e Buck si voltò verso la voce.

Франсуа крикнул издалека, и Бак повернулся на голос.

Ancora senza fiato, Buck corse oltre, riponendo ogni speranza in François.

Все еще хватая ртом воздух, Бак пробежал мимо, возлагая всю надежду на Франсуа.

Il conducente del cane sollevò un'ascia e aspettò che Buck gli passasse accanto.

Погонщик собак поднял топор и подождал, пока Бак пролетит мимо.

L'ascia calò rapidamente e colpì la testa di Dolly con forza mortale.

Топор стремительно опустился и со смертельной силой ударил Долли по голове.

Buck crollò vicino alla slitta, ansimando e incapace di muoversi.

Бак рухнул возле саней, хрипя и не в силах пошевелиться.

Quel momento diede a Spitz la possibilità di colpire un nemico esausto.

В этот момент у Шпица появился шанс нанести удар измотанному противнику.

Morse Buck due volte, strappandogli la carne fino all'osso bianco.

Дважды он укусил Бэка, разрывая плоть до белой кости.

La frusta di François schioccò, colpendo Spitz con tutta la sua forza, con furia.

Франсуа щелкнул кнутом, ударив Шпица со всей яростной силой.

Buck guardò con gioia Spitz mentre riceveva il pestaggio più duro fino a quel momento.

Бак с радостью наблюдал, как Шпица избивают сильнее, чем когда-либо.

«È un diavolo, quello Spitz», borbottò Perrault tra sé e sé.

«Он дьявол, этот Шпиц», — мрачно пробормотал Перро себе под нос.

"Un giorno o l'altro, quel cane maledetto ucciderà Buck, lo giuro."

«Однажды, очень скоро, эта проклятая собака убьет Бака — клянусь».

«Quel Buck ha due diavoli dentro di sé», rispose François annuendo.

«В этом Баке два дьявола», — ответил Франсуа, кивнув.

"Quando osservo Buck, so che dentro di lui si cela qualcosa di feroce."

«Когда я смотрю на Бака, я знаю, что в нем таится что-то свирепое».

"Un giorno, si infurierà come il fuoco e farà a pezzi Spitz."

«Однажды он разозлится и разорвет Шпица на куски».

"Masticherà quel cane e lo sputerà sulla neve ghiacciata."

«Он прожует эту собаку и выплюнет ее на замерзший снег».

"Certo, lo so fin nel profondo."

«Конечно, я знаю это в глубине души».

Da quel momento in poi, i due cani furono in guerra tra loro.

С этого момента между двумя собаками началась война.

Spitz guidava la squadra e deteneva il potere, ma Buck lo sfidava.

Спиц возглавлял команду и удерживал власть, но Бак бросил этому вызов.

Spitz si rese conto che il suo rango era minacciato da questo strano straniero del Sud.

Шпиц увидел, что этот странный незнакомец с Юга угрожает его положению.

Buck era diverso da tutti i cani del sud che Spitz aveva conosciuto fino ad allora.

Бак не был похож ни на одну южную собаку, которую Шпиц знал раньше.

La maggior parte di loro fallì: troppo deboli per sopravvivere al freddo e alla fame.

Большинство из них потерпели неудачу — они были слишком слабы, чтобы пережить холод и голод.

Morirono rapidamente a causa del lavoro, del gelo e del lento bruciare della carestia.

Они быстро умирали от труда, холода и медленного голода.

Buck si distingueva: ogni giorno più forte, più intelligente e più selvaggio.

Бак стоял особняком — с каждым днем становясь сильнее, умнее и свирепее.

Ha prosperato nonostante le difficoltà, crescendo al pari degli husky del nord.

Он преуспел в трудностях и вырос, став достойным соперником северных хаски.

Buck era dotato di forza, abilità straordinaria e un istinto paziente e letale.

У Бака была сила, дикая ловкость и терпеливый, смертоносный инстинкт.

L'uomo con la mazza aveva annientato Buck per fargli perdere la temerarietà.

Человек с дубинкой выбил из Бака всякую опрометчивость.

La furia cieca se n'era andata, sostituita da un'astuzia silenziosa e dal controllo.

Слепая ярость исчезла, уступив место тихой хитрости и контролю.

Attese, calmo e primordiale, in attesa del momento giusto.

Он ждал, спокойный и первобытный, выжидая подходящего момента.

La loro lotta per il comando divenne inevitabile e chiara.

Их борьба за господство стала неизбежной и очевидной.

Buck desiderava la leadership perché il suo spirito la richiedeva.

Бак желал лидерства, потому что этого требовал его дух.

Era spinto da quello strano orgoglio che nasceva dal sentiero e dall'imbracatura.

Им двигала странная гордость, рожденная тропой и упряжью.

Quell'orgoglio faceva sì che i cani tirassero fino a crollare sulla neve.

Эта гордость заставляла собак тянуть, пока они не падали на снег.

L'orgoglio li spinse a dare tutta la forza che avevano.

Гордыня заставила их отдать все силы, которые у них были.

L'orgoglio può trascinare un cane da slitta fino al punto di ucciderlo.

Гордыня может загнать ездовую собаку даже в ловушку смерти.

Perdere l'imbracatura rendeva i cani deboli e senza scopo.

Потеряв шлейку, собаки стали сломленными и бесполезными.

Il cuore di un cane da slitta può essere spezzato dalla vergogna quando va in pensione.

Сердце ездовой собаки может быть раздавлено стыдом, когда она уходит на пенсию.

Dave viveva con questo orgoglio mentre trascinava la slitta da dietro.

Дэйв жил этой гордостью, когда тащил сани сзади.

Anche Solleks diede il massimo con cupa forza e lealtà.

Соллекс тоже отдал всего себя с мрачной силой и преданностью.

Ogni mattina l'orgoglio li trasformava da amareggiati a determinati.

Каждое утро гордость превращала их из озлобленных в решительных.

Spinsero per tutto il giorno, poi tacquero una volta giunti alla fine dell'accampamento.

Они продвигались весь день, а затем затихли на окраине лагеря.

Quell'orgoglio diede a Spitz la forza di mettere in riga i fannulloni.

Эта гордость давала Шпицу силы заставить уклонистов подчиняться.

Spitz temeva Buck perché Buck nutriva lo stesso profondo orgoglio.

Шпиц боялся Бэка, потому что Бак был столь же горд.

L'orgoglio di Buck ora si agitò contro Spitz, ma lui non si fermò.

Гордыня Бэка восстала против Шпица, и он не остановился.

Buck sfidò il potere di Spitz e gli impedì di punire i cani.

Бак бросил вызов силе Шпица и не позволил ему наказать собак.

Quando gli altri fallivano, Buck si frapponeva tra loro e il loro capo.

Когда другие потерпели неудачу, Бак встал между ними и их лидером.

Lo fece con intenzione, rendendo la sua sfida aperta e chiara.

Он сделал это намеренно, сделав свой вызов открытым и ясным.

Una notte una forte nevicata coprì il mondo in un profondo silenzio.

Однажды ночью сильный снегопад окутал мир глубокой тишиной.

La mattina dopo, Pike, pigro come sempre, non si alzò per andare al lavoro.

На следующее утро Пайк, как всегда ленивый, не встал на работу.

Rimase nascosto nel suo nido sotto uno spesso strato di neve.

Он спрятался в своем гнезде под толстым слоем снега.

François gridò e cercò, ma non riuscì a trovare il cane.

Франсуа звал и искал, но не смог найти собаку.

Spitz si infuriò e si scagliò contro l'accampamento coperto di neve.

Шпиц разозлился и бросился сквозь заснеженный лагерь.

Ringhiò e annusò, scavando freneticamente con gli occhi fiammeggianti.

Он рычал и принюхивался, бешено копая землю горящими глазами.

La sua rabbia era così violenta che Pike tremava sotto la neve per la paura.

Его ярость была столь неистовой, что Пайк затрясся от страха под снегом.

Quando finalmente Pike fu trovato, Spitz si lanciò per punire il cane nascosto.

Когда Пайк наконец был найден, Шпиц бросился наказать спрятавшуюся собаку.

Ma Buck si scagliò tra loro con una furia pari a quella di Spitz.

Но Бак бросился между ними с яростью, не уступающей ярости Шпица.

L'attacco fu così improvviso e astuto che Spitz cadde a terra.

Атака была настолько внезапной и ловкой, что Шпиц упал с ног.

Pike, che tremava, trasse coraggio da questa sfida.

Пайк, которого трясло, почерпнул мужество из этого вызова.

Seguendo l'audace esempio di Buck, saltò sullo Spitz caduto.

Он вскочил на упавшего шпица, следуя смелому примеру Бака.

Buck, non più vincolato dall'equità, si unì allo sciopero di Spitz.

Бак, больше не связанный принципами справедливости, присоединился к забастовке на Шпице.

François, divertito ma fermo nella disciplina, agitò la sua pesante frusta.

Франсуа, удивленный, но твердый в дисциплине, взмахнул своей тяжелой плетью.

Colpì Buck con tutta la sua forza per interrompere la rissa.

Он со всей силы ударил Бака, чтобы прекратить драку.

Buck si rifiutò di muoversi e rimase in groppa al capo caduto.

Бак отказался двигаться и остался на упавшем лидере.

François allora usò il manico della frusta e colpì Buck con violenza.

Затем Франсуа использовал рукоятку хлыста, сильно ударив Бэка.

Barcollando per il colpo, Buck cadde all'indietro sotto l'assalto.

Пошатнувшись от удара, Бак отступил под натиском противника.

François colpì più volte mentre Spitz puniva Pike.

Франсуа наносил удары снова и снова, а Спиц наказывал Пайка.

Passarono i giorni e Dawson City si avvicinava sempre di più.

Дни шли, и Доусон-Сити становился все ближе и ближе.

Buck continuava a intromettersi, infilandosi tra Spitz e gli altri cani.

Бэк постоянно вмешивался, проскальзывая между Шпицем и другими собаками.

Sceglieva bene i suoi momenti, aspettando sempre che François se ne andasse.

Он тщательно выбирал моменты, всегда дожидаясь, пока Франсуа уйдет.

La ribellione silenziosa di Buck si diffuse e il disordine prese piede nella squadra.

Тихий мятеж Бака распространился, и в команде воцарился беспорядок.

Dave e Solleks rimasero leali, ma altri diventarono indisciplinati.

Дэйв и Соллекс остались верны, но остальные стали неуправляемыми.

La squadra peggiorò: divenne irrequieta, litigiosa e fuori luogo.

Команда стала еще хуже — беспокойной, сварливой и недисциплинированной.

Ormai niente filava liscio e le liti diventavano all'ordine del giorno.

Все перестало быть гладким, и драки стали обычным явлением.

Buck rimase sempre al centro dei guai, provocando disordini.

Бак оставался в центре событий, постоянно провоцируя беспорядки.

François rimase vigile, temendo la lotta tra Buck e Spitz.

Франсуа оставался настороже, опасаясь драки между Баком и Шпицем.

Ogni notte veniva svegliato da zuffe e temeva che finalmente fosse arrivato l'inizio.

Каждую ночь он будил себя шумом потасовок и боялся, что вот-вот начнется что-то неладное.

Balzò fuori dalla veste, pronto a interrompere la rissa.

Он выпрыгнул из своего халата, готовый прекратить драку.

Ma il momento non arrivò mai e alla fine raggiunsero Dawson.

Но момент так и не настал, и они наконец добрались до Доусона.

La squadra entrò in città in un pomeriggio cupo, teso e silenzioso.

Группа вошла в город одним унылым днем, напряженным и тихим.

La grande battaglia per la leadership era ancora sospesa nell'aria gelida.

Великая битва за лидерство все еще висела в морозном воздухе.

Dawson era piena di uomini e cani da slitta, tutti impegnati nel lavoro.

В Доусоне было полно людей и ездовых собак, все были заняты работой.

Buck osservava i cani trainare i carichi dalla mattina alla sera.

Бак наблюдал, как собаки тянут грузы с утра до вечера.

Trasportavano tronchi e legna da ardere e spedivano rifornimenti alle miniere.

Они возили бревна и дрова, доставляли припасы на рудники.

Nel Southland, dove un tempo lavoravano i cavalli, ora lavoravano i cani.

Там, где раньше на юге работали лошади, теперь трудятся собаки.

Buck vide alcuni cani provenienti dal Sud, ma la maggior parte erano husky simili a lupi.

Бак видел несколько собак с Юга, но большинство из них были похожими на волков лайками.

Di notte, puntuali come un orologio, i cani alzavano la voce e cantavano.

Ночью, как по часам, собаки начинали петь.

Alle nove, a mezzanotte e di nuovo alle tre, il canto cominciò.

В девять, в полночь и снова в три часа начиналось пение.

Buck amava unirsi al loro canto inquietante, selvaggio e antico nel suono.

Бэку нравилось присоединяться к их жуткому пению, дикому и древнему по звучанию.

L'aurora fiammeggiava, le stelle danzavano e la neve ricopriva la terra.

Ярко светило полярное сияние, плясали звезды, а землю покрывал снег.

Il canto dei cani si elevava come un grido contro il silenzio e il freddo pungente.

Песня собак раздалась как крик, заглушающий тишину и пронизывающий холод.

Ma il loro urlo esprimeva tristezza, non sfida, in ogni lunga nota.

Но в каждой их долгой ноте звучала печаль, а не вызов.

Ogni lamento era pieno di supplica: il peso stesso della vita.

Каждый вопль был полон мольбы, бремени самой жизни.

Quella canzone era vecchia, più vecchia delle città e più vecchia degli incendi

Та песня была старой — старше городов и старше пожаров.

Quel canto era più antico perfino delle voci degli uomini.

Эта песня была даже древнее голосов людей.

Era una canzone del mondo dei giovani, quando tutte le canzoni erano tristi.

Это была песня из мира юности, когда все песни были грустными.

La canzone porta con sé il dolore di innumerevoli generazioni di cani.

В этой песне звучала печаль бесчисленных поколений собак.

Buck percepì profondamente la melodia, gemendo per un dolore radicato nei secoli.

Бак глубоко прочувствовал мелодию, стонал от боли, уходящей корнями в века.

Singhiozzava per un dolore antico quanto il sangue selvaggio nelle sue vene.

Он рыдал от горя, столь же древнего, как и дикая кровь в его жилах.

Il freddo, l'oscurità e il mistero toccarono l'anima di Buck.

Холод, темнота и тайна тронули душу Бака.

Quella canzone dimostrava quanto Buck fosse tornato alle sue origini.

Эта песня показала, насколько Бак вернулся к своим истокам.

Tra la neve e gli ululati aveva trovato l'inizio della sua vita.

Сквозь снег и вой он нашел начало своей жизни.

Sette giorni dopo l'arrivo a Dawson, ripartirono.

Через семь дней после прибытия в Доусон они снова отправились в путь.

La squadra si è lanciata dalla caserma fino allo Yukon Trail.

Группа высадилась из казарм на Юконской тропе.

Iniziarono il viaggio di ritorno verso Dyea e Salt Water.

Они начали обратный путь к Дайе и Солт-Уотеру.

Perrault trasmise dispacci ancora più urgenti di prima.

Перро доставлял депеши еще более срочные, чем прежде.

Era anche preso dall'orgoglio per la corsa e puntava a stabilire un record.

Его также охватила гордость за победу в беге, и он задался целью установить рекорд.

Questa volta Perrault aveva diversi vantaggi.

На этот раз на стороне Перро было несколько преимуществ.

I cani avevano riposato per un'intera settimana e avevano ripreso le forze.

Собаки отдыхали целую неделю и восстановили силы.

La pista che avevano tracciato era ora battuta da altri.

Тропа, которую они проложили, теперь была утоптана другими.

In alcuni punti la polizia aveva immagazzinato cibo sia per i cani che per gli uomini.

В некоторых местах полиция запасала еду как для собак, так и для людей.

Perrault viaggiava leggero, si muoveva velocemente e aveva poco a cui aggrapparsi.

Перро путешествовал налегке, двигался быстро, и ничто его не обременяло.

La prima sera raggiunsero la Sixty-Mile, una corsa lunga 50 miglia.

К первой ночи они достигли «Шестидесятой мили» — забега на пятьдесят миль.

Il secondo giorno risalirono rapidamente lo Yukon in direzione di Pelly.

На второй день они двинулись вверх по Юкону к Пелли.

Ma questi grandi progressi comportarono anche molta fatica per François.

Однако столь значительный прогресс дался Франсуа с большим напряжением.

La ribellione silenziosa di Buck aveva infranto la disciplina della squadra.

Тихий бунт Бака подорвал дисциплину команды.

Non si univano più come un'unica bestia al comando.

Они больше не действовали сообща, как один зверь под уздцы.

Buck aveva spinto altri alla sfida con il suo coraggioso esempio.

Бак своим смелым примером побудил других к неповиновению.

L'ordine di Spitz non veniva più accolto con timore o rispetto.

Команды Шпица больше не вызывали страха и уважения.

Gli altri persero ogni timore reverenziale nei suoi confronti e osarono opporsi al suo governo.

Остальные утратили благоговение перед ним и осмелились воспротивиться его правлению.

Una notte, Pike rubò mezzo pesce e lo mangiò sotto gli occhi di Buck.

Однажды ночью Пайк украл половину рыбы и съел ее на глазах у Бэка.

Un'altra notte, Dub e Joe combatterono contro Spitz e rimasero impuniti.

В другой вечер Даб и Джо подрались со Шпицем и остались безнаказанными.

Anche Billee gemette meno dolcemente e mostrò una nuova acutezza.

Даже Билли ныл уже не так сладко и проявил новую
резкость.

Buck ringhiava a Spitz ogni volta che si incrociavano.

Бак рычал на Шпица каждый раз, когда их пути
пересекались.

**L'atteggiamento di Buck divenne audace e minaccioso, quasi
come quello di un bullo.**

Поведение Бака стало дерзким и угрожающим, он стал
почти как хулиган.

**Camminava avanti e indietro davanti a Spitz con
un'andatura spavalda e piena di minaccia beffarda.**

Он расхаживал перед Шпицем с развязной походкой,
полной насмешливой угрозы.

Questo crollo dell'ordine si diffuse anche tra i cani da slitta.

Этот крах порядка распространился и на ездовых собак.

**Litigarono e discussero più che mai, riempiendo
l'accampamento di rumore.**

Они ссорились и спорили больше, чем когда-либо,
наполняя лагерь шумом.

**Ogni notte la vita nel campeggio si trasformava in un caos
selvaggio e ululante.**

Каждую ночь жизнь в лагере превращалась в дикий,
воющий хаос.

Solo Dave e Solleks rimasero fermi e concentrati.

Только Дэйв и Соллекс оставались спокойными и
сосредоточенными.

**Ma anche loro diventarono irascibili a causa delle continue
risse.**

Но даже они стали вспыльчивыми от постоянных драк.

**François imprecò in lingue strane e batté i piedi per la
frustrazione.**

Франсуа ругался на странных языках и топал ногами от
досады.

**Si strappò i capelli e urlò mentre la neve gli volava sotto i
piedi.**

Он рвал на себе волосы и кричал, а снег летел из-под ног.

La sua frusta schioccò contro il gruppo, ma a malapena riuscì a tenerli in riga.

Его кнут щелкал по всей стае, но едва мог удержать их в строю.

Ogni volta che voltava le spalle, la lotta ricominciava.

Всякий раз, когда он отворачивался, драка возобновлялась.

François usò la frusta per Spitz, mentre Buck guidava i ribelli.

Франсуа использовал плетку для Шпица, в то время как Бак возглавлял мятежников.

Ognuno conosceva il ruolo dell'altro, ma Buck evitava di addossare ogni colpa.

Каждый из них знал роль другого, но Бак избегал любых обвинений.

François non ha mai colto Buck mentre iniziava una rissa o si sottraeva al suo lavoro.

Франсуа ни разу не видел, чтобы Бак затевал драку или уклонялся от работы.

Buck lavorava duramente ai finimenti: la fatica ora gli dava entusiasmo.

Бак усердно трудился в упряжке — теперь этот труд волновал его дух.

Ma trovava ancora più gioia nel fomentare risse e caos nell'accampamento.

Но еще большую радость он находил, устраивая драки и создавая хаос в лагере.

Una sera, alla foce del Tahkeena, Dub spaventò un coniglio.

Однажды вечером у устья реки Тахкина Даб спугнул кролика.

Mancò la presa e il coniglio con la racchetta da neve balzò via.

Он промахнулся, и кролик-беляк убежал.

Nel giro di pochi secondi, l'intera squadra di slitte si lanciò all'inseguimento, gridando a squarciagola.

Через несколько секунд вся упряжка с дикими криками бросилась в погоню.

Nelle vicinanze, un accampamento della polizia del nord-ovest ospitava cinquanta cani husky.

Неподалеку, в лагере северо-западной полиции, размещалось пятьдесят собак хаски.

Si unirono alla caccia, scendendo insieme il fiume ghiacciato.

Они присоединились к охоте, вместе спускаясь по замерзшей реке.

Il coniglio lasciò il fiume e fuggì lungo il letto ghiacciato di un ruscello.

Кролик свернул с реки и побежал вверх по замерзшему руслу ручья.

Il coniglio saltellava leggero sulla neve mentre i cani si facevano strada a fatica.

Кролик легко скакал по снегу, а собаки пробирались сквозь него.

Buck guidava l'enorme branco di sessanta cani attorno a ogni curva tortuosa.

Бак вел огромную стаю из шестидесяти собак по каждому извилистому повороту.

Si spinse in avanti, basso e impaziente, ma non riuscì a guadagnare terreno.

Он рвался вперед, пригнувшись и настойчиво, но не мог продвинуться вперед.

Il suo corpo brillava sotto la pallida luna a ogni potente balzo.

Его тело мелькало под бледной луной при каждом мощном прыжке.

Davanti a loro, il coniglio si muoveva come un fantasma, silenzioso e troppo veloce per essere catturato.

Впереди, словно призрак, двигался кролик, бесшумный и слишком быстрый, чтобы его можно было поймать.

Tutti quei vecchi istinti, la fame, l'eccitazione, attraversarono Buck.

Все те старые инстинкты — голод, острые ощущения — пронзили Бака.

A volte gli esseri umani avvertono questo istinto e sono spinti a cacciare con armi da fuoco e proiettili.

Иногда люди поддаются этому инстинкту, побуждающему их охотиться с ружьем и пулями.

Ma Buck provava questa sensazione a un livello più profondo e personale.

Но Бак чувствовал это чувство на более глубоком и личном уровне.

Non riuscivano a percepire la natura selvaggia nel loro sangue come Buck.

Они не могли чувствовать дикость в своей крови так, как ее чувствовал Бак.

Inseguiva la carne viva, pronto a uccidere con i denti e ad assaggiare il sangue.

Он гнался за живым мясом, готовый убивать зубами и пробовать кровь.

Il suo corpo si tendeva per la gioia, desiderando immergersi nel caldo rosso della vita.

Его тело напряглось от радости, желая искупаться в теплой красной жизни.

Una strana gioia segna il punto più alto che la vita possa mai raggiungere.

Странная радость отмечает высшую точку, которой может достичь жизнь.

La sensazione di raggiungere un picco in cui i vivi dimenticano di essere vivi.

Ощущение вершины, где живые вообще забывают, что они живы.

Questa gioia profonda tocca l'artista immerso in un'ispirazione ardente.

Эта глубокая радость трогает художника, погруженного в пылающее вдохновение.

Questa gioia afferra il soldato che combatte selvaggiamente e non risparmia alcun nemico.

Эта радость охватывает солдата, который сражается яростно и не щадит врага.

Questa gioia ora colpì Buck mentre guidava il branco in preda alla fame primordiale.

Эта радость теперь принадлежала Бэку, который возглавлял стаю, охваченную первобытным голодом.

Ululò con l'antico grido del lupo, emozionato per l'inseguimento.

Он завыл древним волчьим воем, взволнованный живой погоней.

Buck fece appello alla parte più antica di sé, persa nella natura selvaggia.

Бак обратился к самой старой части себя, затерянной в дикой природе.

Scavò in profondità dentro di sé, oltre la memoria, fino al tempo grezzo e antico.

Он проник глубоко внутрь себя, за пределы памяти, в сырое, древнее время.

Un'ondata di vita pura pervase ogni muscolo e tendine.

Волна чистой жизни пронеслась по каждому мускулу и сухожилию.

Ogni salto gridava che viveva, che attraversava la morte.

Каждый прыжок кричал, что он жив, что он движется сквозь смерть.

Il suo corpo si librava gioioso su una terra immobile e fredda che non si muoveva mai.

Его тело радостно парило над неподвижной, холодной землей, которая никогда не шевелилась.

Spitz rimase freddo e astuto anche nei suoi momenti più selvaggi.

Шпиц оставался холодным и хитрым даже в самые дикие моменты.

Lasciò il sentiero e attraversò un terreno dove il torrente formava una curva ampia.

Он сошел с тропы и пересек землю там, где ручей делал широкий изгиб.

Buck, ignaro di ciò, rimase sul sentiero tortuoso del coniglio.

Бак, не подозревая об этом, остался на извилистой тропе кролика.

Poi, mentre Buck svoltava dietro una curva, il coniglio spettrale si trovò davanti a lui.

Затем, когда Бак свернул за поворот, перед ним возник похожий на призрака кролик.

Vide una seconda figura balzare dalla riva precedendo la preda.

Он увидел, как вторая фигура выпрыгнула из воды впереди добычи.

La figura era Spitz, atterrato proprio sulla traiettoria del coniglio in fuga.

Это был Шпиц, приземлившийся прямо на пути убегающего кролика.

Il coniglio non riuscì a girarsi e incontrò le fauci di Spitz a mezz'aria.

Кролик не смог повернуться и в воздухе встретился с челюстями Шпица.

La spina dorsale del coniglio si spezzò con un grido acuto come il grido di un essere umano morente.

Позвоночник кролика сломался с криком, таким же резким, как крик умирающего человека.

A quel suono, il passaggio dalla vita alla morte, il branco ululò forte.

При этом звуке — падении из жизни в смерть — стая громко взвыла.

Un coro selvaggio si levò da dietro Buck, pieno di oscura gioia.

Из-за спины Бака раздался дикий хор, полный темного восторга.

Buck non emise alcun grido, nessun suono e si lanciò dritto verso Spitz.

Бак не издал ни крика, ни звука и бросился прямо на Шпица.

Mirò alla gola, ma colpì invece la spalla.

Он целился в горло, но вместо этого попал в плечо.

Caddero nella neve soffice, i loro corpi erano intrappolati in un combattimento.

Они падали в рыхлый снег, их тела сцепились в схватке.

Spitz balzò in piedi rapidamente, come se non fosse mai stato atterrato.

Шпиц быстро вскочил, словно его и не сбивали с ног.

Colpì Buck alla spalla e poi balzò fuori dalla mischia.

Он полоснул Бэка по плечу, а затем выскочил из драки.

Per due volte i suoi denti schioccarono come trappole d'acciaio, e le sue labbra si arricciarono e si fecero feroci.

Дважды его зубы щелкали, словно стальные капканы, губы скривились в гримасе ярости.

Arretrò lentamente, cercando un terreno solido sotto i piedi.

Он медленно отступил, ища твердую почву под ногами.

Buck comprese il momento all'istante e pienamente.

Бак понял этот момент мгновенно и полностью.

Il momento era giunto: la lotta sarebbe stata una lotta all'ultimo sangue.

Пришло время; битва должна была стать смертельным сражением.

I due cani giravano in cerchio, ringhiando, con le orecchie piatte e gli occhi socchiusi.

Две собаки кружили, рыча, прижав уши и прищурив глаза.

Ogni cane aspettava che l'altro mostrasse debolezza o facesse un passo falso.

Каждая собака ждала, когда другая проявит слабость или допустит ошибку.

Buck percepiva quella scena come stranamente nota e profondamente ricordata.

Для Бак эта сцена показалась жутко знакомой и глубоко памятной.

I boschi bianchi, la terra fredda, la battaglia al chiaro di luna.

Белый лес, холодная земля, битва под лунным светом.

Un silenzio pesante, profondo e innaturale riempiva la terra.

Землю наполнила тяжелая тишина, глубокая и неестественная.

Nessun vento si alzava, nessuna foglia si muoveva, nessun suono rompeva il silenzio.

Ни ветерка, ни один листок не шелохнулся, ни один звук не нарушил тишину.

Il respiro dei cani si levava come fumo nell'aria gelida e silenziosa.

Дыхание собак поднималось, словно дым, в морозном, тихом воздухе.

Il coniglio era stato dimenticato da tempo dal branco di animali selvatici.

Кролик был давно забыт стаей диких зверей.

Questi lupi semiaddomesticati ora stavano fermi in un ampio cerchio.

Теперь эти полуприрученные волки стояли неподвижно, образовав широкий круг.

Erano silenziosi, solo i loro occhi luminosi rivelavano la loro fame.

Они молчали, только их горящие глаза выдавали их голод.

Il loro respiro saliva, mentre osservavano l'inizio dello scontro finale.

Их дыхание поднялось, когда они наблюдали за началом финального боя.

Per Buck questa battaglia era vecchia e attesa, per niente strana.

Для Бака эта битва была старой и ожидаемой, а вовсе не странной.

Era come il ricordo di qualcosa che doveva accadere da sempre.

Это было похоже на воспоминание о чем-то, что всегда должно было произойти.

Spitz era un cane da combattimento addestrato, affinato da innumerevoli risse selvagge.

Шпиц был обученной бойцовой собакой, закаленной в бесчисленных диких драках.

Dallo Spitzbergen al Canada, aveva sconfitto molti nemici.

От Шпицбергена до Канады он одолел множество врагов.

Era pieno di rabbia, ma non cedette mai il controllo alla rabbia.

Он был полон ярости, но никогда не позволял себе сдерживать ярость.

La sua passione era acuta, ma sempre temperata dal duro istinto.

Его страсть была острой, но всегда сдерживаемой суровым инстинктом.

Non ha mai attaccato finché non ha avuto la sua difesa pronta.

Он никогда не нападал, пока не была готова его собственная защита.

Buck provò più volte a raggiungere il collo vulnerabile di Spitz.

Бак снова и снова пытался дотянуться до уязвимой шеи Шпица.

Ma ogni colpo veniva accolto da un fendente dei denti affilati di Spitz.

Но каждый удар встречался резким ударом острых зубов Шпица.

Le loro zanne si scontrarono ed entrambi i cani sanguinarono dalle labbra lacerate.

Их клыки столкнулись, и из разорванных губ обеих собак потекла кровь.

Nonostante i suoi sforzi, Buck non riusciva a rompere la difesa.

Как бы Бак ни нападал, он не мог прорвать оборону.

Divenne sempre più furioso e si lanciò verso di lui con violente esplosioni di potenza.

Он становился все более яростным, бросаясь вперед с дикими порывами силы.

Buck colpì ripetutamente la bianca gola di Spitz.

Снова и снова Бак наносил удары по белому горлу Шпица.

Ogni volta Spitz schivava e contrattaccava con un morso tagliente.

Каждый раз Шпиц уклонялся и наносил ответный удар резким укусом.

Poi Buck cambiò tattica, avventandosi di nuovo come se volesse colpirlo alla gola.

Затем Бак сменил тактику, снова бросившись вперед, словно целясь в горло.

Ma a metà attacco si è ritirato, girandosi per colpire di lato.

Но он отступил в середине атаки, развернувшись, чтобы ударить сбоку.

Colpì Spitz con una spallata, con l'intento di buttarlo a terra.

Он ударил Шпица плечом, намереваясь сбить его с ног.

Ogni volta che ci provava, Spitz lo schivava e rispondeva con un fendente.

Каждый раз, когда он пытался это сделать, Спиц уклонялся и наносил ответный удар.

La spalla di Buck si faceva scorticare mentre Spitz si liberava dopo ogni colpo.

Плечо Бака болело, когда Шпиц отскакивал после каждого удара.

Spitz non era stato toccato, mentre Buck sanguinava dalle numerose ferite.

Шпица не тронули, а вот Бак истекал кровью из-за многочисленных ран.

Il respiro di Buck era affannoso e pesante, il suo corpo era viscido di sangue.

Дыхание Бака стало частым и тяжелым, его тело стало скользким от крови.

La lotta diventava più brutale a ogni morso e carica.

С каждым укусом и атакой драка становилась все более жестокой.

Attorno a loro, sessanta cani silenziosi aspettavano che il primo cadesse.

Вокруг них шестьдесят молчаливых собак ждали, когда упадет первая.

Se un cane fosse caduto, il branco avrebbe posto fine alla lotta.

Если бы одна собака упала, стая закончила бы бой.

Spitz vide Buck indebolirsi e cominciò ad attaccare.

Шпиц увидел, что Бак слабеет, и начал усиливать атаку.

Mantenne Buck sbilanciato, costringendolo a lottare per restare in piedi.

Он лишил Бака равновесия, заставив его бороться за то, чтобы устоять на ногах.

Una volta Buck inciampò e cadde, e tutti i cani si rialzarono.

Однажды Бак споткнулся и упал, и все собаки поднялись.

Ma Buck si raddrizzò a metà caduta e tutti ricaddero.

Но Бак выпрямился в середине падения, и все снова опустились на землю.

Buck aveva qualcosa di raro: un'immaginazione nata da un profondo istinto.

У Бака было нечто редкое — воображение, рожденное глубоким инстинктом.

Combatté per istinto naturale, ma combatté anche con astuzia.

Он сражался, руководствуясь природным инстинктом, но он также сражался и хитростью.

Tornò ad attaccare come se volesse ripetere il trucco dell'attacco alla spalla.

Он снова бросился вперед, словно повторяя свой трюк с атакой плечом.

Ma all'ultimo secondo si abbassò e passò sotto Spitz.

Но в последнюю секунду он снизился и пронесся под Шпицем.

I suoi denti si bloccarono sulla zampa anteriore sinistra di Spitz con uno schiocco.

Его зубы с грохотом сомкнулись на передней левой ноге Шпица.

Spitz ora era instabile e il suo peso gravava solo su tre zampe.

Теперь Шпиц стоял неустойчиво, опираясь только на три ноги.

Buck colpì di nuovo e tentò tre volte di atterrarlo.

Бак снова нанес удар, трижды пытался его повалить.

Al quarto tentativo ha usato la stessa mossa con successo

В четвертой попытке он успешно применил тот же прием.

Questa volta Buck riuscì a mordere la zampa destra di Spitz.

На этот раз Бак удалось укусить Шпица за правую ногу.

Spitz, benché storpio e in agonia, continuò a lottare per sopravvivere.

Шпиц, хотя и был искалечен и находился в агонии, продолжал бороться за выживание.

Vide il cerchio degli husky stringersi, con le lingue fuori e gli occhi luminosi.

Он увидел, как круг хаски сжался, высунув языки, и сверкнув глазами.

Aspettarono di divorarlo, proprio come avevano fatto con gli altri.

Они ждали, чтобы сожрать его, как и других.

Questa volta era lui al centro, sconfitto e condannato.

На этот раз он стоял в центре — побежденный и обреченный.

Ormai il cane bianco non aveva più alcuna possibilità di fuga.

Теперь у белой собаки не было возможности сбежать.

Buck non mostrò alcuna pietà, perché la pietà non era a posto nella natura selvaggia.

Бэк не проявил милосердия, ибо милосердие не свойственно дикой природе.

Buck si mosse con cautela, preparandosi per la carica finale.

Бак двигался осторожно, готовясь к последней атаке.

Il cerchio degli husky si stringeva; lui sentiva i loro respiri caldi.

Круг хаски сомкнулся; он чувствовал их теплое дыхание.

Si accovacciarono, pronti a scattare quando fosse giunto il momento.

Они пригнулись, готовые прыгнуть, когда наступит момент.

Spitz tremava nella neve, ringhiando e cambiando posizione.

Шпиц дрожал на снегу, рычал и менял позу.

I suoi occhi brillavano, le labbra si arricciavano, i denti brillavano in un'espressione disperata e minacciosa.

Его глаза сверкали, губы искривились, зубы сверкали в отчаянной угрозе.

Barcollò, cercando ancora di resistere al freddo morso della morte.

Он пошатнулся, все еще пытаясь удержаться от холодного укуса смерти.

Aveva già visto situazioni simili, ma sempre dalla parte dei vincitori.

Он уже видел подобное раньше, но всегда с победившей стороны.

Ora era dalla parte perdente; lo sconfitto; la preda; la morte.

Теперь он оказался на стороне проигравших; побежденный; добыча; смерть.

Buck si preparò al colpo finale, mentre il cerchio dei cani si faceva sempre più stretto.

Бэк сделал круг для последнего удара, кольцо собак сомкнулось.

Poteva sentire i loro respiri caldi; erano pronti a uccidere.

Он чувствовал их горячее дыхание, готовясь к убийству.

Calò il silenzio; tutto era al suo posto; il tempo si era fermato.

Наступила тишина; все стало на свои места; время остановилось.

Persino l'aria fredda tra loro si congelò per un ultimo istante.

Даже холодный воздух между ними застыл на один последний миг.

Soltanto Spitz si mosse, cercando di trattenere la sua fine amara.

Только Шпиц пошевелился, пытаясь отсрочить свой горький конец.

Il cerchio dei cani si stava stringendo attorno a lui, come era suo destino.

Круг собак смыкался вокруг него, как и его судьба.

Ora era disperato, sapendo cosa stava per accadere.

Теперь он был в отчаянии, зная, что сейчас произойдет.

Buck balzò dentro e la sua spalla incontrò la sua spalla per l'ultima volta.

Бак прыгнул вперед, столкнувшись плечом с плечом в последний раз.

I cani si lanciarono in avanti, nascondendo Spitz nell'oscurità della neve.

Собаки ринулись вперед, скрывая Шпица в снежной темноте.

Buck osservava, eretto e fiero; il vincitore in un mondo selvaggio.

Бак наблюдал, стоя во весь рост; победитель в диком мире.

La bestia primordiale dominante aveva fatto la sua uccisione, e la aveva fatta bene.

Доминирующий первобытный зверь совершил свою добычу, и это было хорошо.

Colui che ha conquistato la maestria
Тот, кто достиг мастерства

"Eh? Cosa ho detto? Dico la verità quando dico che Buck è un diavolo."

«Э? Что я сказал? Я говорю правду, когда говорю, что Бак — дьявол».

François raccontò questo la mattina dopo aver scoperto la scomparsa di Spitz.

Франсуа сказал это на следующее утро, обнаружив пропажу Шпица.

Buck rimase lì, coperto di ferite causate dal violento combattimento.

Бак стоял там, покрытый ранами, полученными в жестокой схватке.

François tirò Buck vicino al fuoco e indicò le ferite.

Франсуа подтащил Бака к огню и указал на раны.

«Quello Spitz ha combattuto come il Devik», disse Perrault, osservando i profondi tagli.

«Этот Шпиц сражался как Девик», — сказал Перро, разглядывая глубокие раны.

«E quel Buck si batteva come due diavoli», rispose subito François.

«И этот Бак дрался как два дьявола», — тут же ответил Франсуа.

"Ora faremo buon passo; niente più Spitz, niente più guai."

«Теперь мы отлично проведем время; больше никаких шпицев, никаких проблем».

Perrault stava preparando l'attrezzatura e caricò la slitta con cura.

Перро бережно упаковывал вещи и грузил сани.

François bardò i cani per prepararli alla corsa della giornata.

Франсуа запряг собак, готовясь к дневному забегу.

Buck trotterellò dritto verso la posizione di testa, precedentemente occupata da Spitz.

Бак рысью помчался прямо на лидирующую позицию, которую когда-то занимал Шпиц.

Ma François, senza accorgersene, condusse Solleks in prima linea.

Но Франсуа, не заметив этого, повел Соллекса вперед.

Secondo François, Solleks era ora il miglior cane da corsa.

По мнению Франсуа, Соллекс теперь был лучшим вожаком.

Buck si scagliò furioso contro Solleks e lo respinse indietro in segno di protesta.

Бак в ярости набросился на Соллекса и в знак протеста отбросил его назад.

Si fermò dove un tempo si era fermato Spitz, rivendicando la posizione di comando.

Он встал там, где когда-то стоял Шпиц, заняв лидирующую позицию.

"Eh? Eh?" esclamò François, dandosi una pacca sulle cosce divertito.

«А? А?» — воскликнул Франсуа, хлопая себя по бедрам от удовольствия.

"Guarda Buck: ha ucciso Spitz, ora vuole prendersi il posto!"

«Посмотрите на Бака — он убил Шпица, теперь он хочет занять его место!»

"Vattene via, Chook!" urlò, cercando di scacciare Buck.

«Уходи, Чук!» — крикнул он, пытаясь отогнать Бака.

Ma Buck si rifiutò di muoversi e rimase immobile nella neve.

Но Бак отказался двигаться и твердо стоял на снегу.

François afferrò Buck per la collottola e lo trascinò da parte.

Франсуа схватил Бака за шиворот и оттащил его в сторону.

Buck ringhiò basso e minaccioso, ma non attaccò.

Бэк тихо и угрожающе зарычал, но не напал.

François rimette Solleks in testa, cercando di risolvere la disputa

Франсуа вернул Соллексу лидерство, пытаясь урегулировать спор

Il vecchio cane mostrò paura di Buck e non voleva restare.

Старый пес проявил страх перед Бак и не захотел оставаться.

Quando François gli voltò le spalle, Buck scacciò di nuovo Solleks.

Когда Франсуа отвернулся, Бак снова выгнал Соллекса.

Solleks non oppose resistenza e si fece di nuovo da parte in silenzio.

Соллекс не сопротивлялся и снова тихо отошел в сторону.

François si arrabbiò e urlò: "Per Dio, ti sistemo!"

Франсуа разозлился и закричал: «Клянусь Богом, я тебя прикончу!»

Si avvicinò a Buck tenendo in mano una pesante mazza.

Он подошел к Бэку, держа в руке тяжелую дубинку.

Buck ricordava bene l'uomo con il maglione rosso.

Бак хорошо помнил человека в красном свитере.

Si ritirò lentamente, osservando François ma ringhiando profondamente.

Он медленно отступил, наблюдая за Франсуа и громко рыча.

Non si affrettò a tornare indietro, nemmeno quando Solleks si mise al suo posto.

Он не бросился назад, даже когда Соллекс встал на его место.

Buck si girò in cerchio, appena fuori dalla sua portata, ringhiando furioso e protestando.

Бак кружил где-то за пределами досягаемости, рыча от ярости и протеста.

Teneva gli occhi fissi sulla mazza, pronto a schivare il colpo se François l'avesse lanciata.

Он не сводил глаз с клюшки, готовый увернуться, если Франсуа сделает бросок.

Era diventato saggio e cauto nei confronti degli uomini che maneggiavano le armi.

Он стал мудрее и осторожнее в обращении с людьми, имеющими оружие.

François si arrese e chiamò di nuovo Buck al suo vecchio posto.

Франсуа сдался и снова позвал Бэка на его прежнее место.

Ma Buck fece un passo indietro con cautela, rifiutandosi di obbedire all'ordine.

Но Бак осторожно отступил, отказавшись подчиниться приказу.

François lo seguì, ma Buck indietreggiò solo di pochi passi.

Франсуа последовал за ним, но Бак отступил лишь на несколько шагов.

Dopo un po' François gettò a terra l'arma, frustrato.

Через некоторое время Франсуа в отчаянии бросил оружие.

Pensava che Buck avesse paura di essere picchiato e che avrebbe fatto lo stesso senza far rumore.

Он думал, что Бак боится побоев и собирается уйти тихо.

Ma Buck non stava evitando la punizione: stava lottando per ottenere un rango.

Но Бак не избегал наказания — он боролся за звание.

Si era guadagnato il posto di capobranco combattendo fino alla morte

Он заслужил место вожака, сражаясь не на жизнь, а на смерть.

non si sarebbe accontentato di niente di meno che di essere il leader.

он не собирался соглашаться ни на что меньшее, чем быть лидером.

Perrault si unì all'inseguimento per aiutare a catturare il ribelle Buck.

Перро принял участие в погоне, чтобы помочь поймать мятежного Бака.

Insieme lo portarono in giro per l'accampamento per quasi un'ora.

Вместе они почти час водили его по лагерю.

Gli scagliarono contro dei bastoni, ma Buck li schivò abilmente uno per uno.

Они бросали в него дубинки, но Бак умело уклонялся от каждого удара.

Maledissero lui, i suoi antenati, i suoi discendenti e ogni suo capello.

Они прокляли его, его предков, его потомков и каждый волос на нем.

Ma Buck si limitò a ringhiare e a restare appena fuori dalla loro portata.

Но Бак только зарычал в ответ и держался вне досягаемости.

Non cercò mai di scappare, ma continuò a girare intorno all'accampamento deliberatamente.

Он никогда не пытался убежать, а намеренно кружил вокруг лагеря.

Disse chiaramente che avrebbe obbedito una volta ottenuto ciò che voleva.

Он ясно дал понять, что подчинится, как только ему дадут то, что он хочет.

Alla fine François si sedette e si grattò la testa, frustrato.

Наконец Франсуа сел и в отчаянии почесал голову.

Perrault controllò l'orologio, imprecò e borbottò qualcosa sul tempo perso.

Перро посмотрел на часы, выругался и пробормотал что-то о потерянном времени.

Era già trascorsa un'ora, mentre avrebbero dovuto essere sulle tracce.

Прошел уже час, когда они должны были выйти на тропу.

François alzò le spalle timidamente, guardando il corriere, che sospirò sconfitto.

Франсуа смущенно пожал плечами, глядя на курьера, который вздохнул, признавая свое поражение.

Poi François si avvicinò a Solleks e chiamò ancora una volta Buck.

Затем Франсуа подошел к Соллексу и еще раз окликнул Бака.

Buck rise come ride un cane, ma mantenne una cauta distanza.

Бак рассмеялся, как собака, но сохранил осторожное расстояние.

François tolse l'imbracatura a Solleks e lo rimise al suo posto.

Франсуа снял с Соллекса упряжь и вернул его на место.

La squadra di slittini era completamente imbracata, con un solo posto libero.

Упряжка саней была полностью запряжена, и только одно место оставалось свободным.

La posizione di comando rimase vuota, chiaramente riservata solo a Buck.

Лидирующая позиция осталась пустой, явно предназначенной для одного Бака.

François chiamò di nuovo e di nuovo Buck rise e mantenne la sua posizione.

Франсуа снова позвал, и снова Бак рассмеялся и остался стоять на месте.

«Gettate giù la mazza», ordinò Perrault senza esitazione.

«Бросай дубинку», — не колеблясь, приказал Перро.

François obbedì e Buck si lanciò subito avanti con orgoglio.

Франсуа повиновался, и Бак тут же гордо потрусил вперед.

Rise trionfante e assunse la posizione di comando.

Он торжествующе рассмеялся и вышел на лидирующую позицию.

François fissò le corde e la slitta si staccò.

Франсуа закрепил постромки, и сани отвязались.

Entrambi gli uomini corsero fianco a fianco mentre la squadra si lanciava lungo il sentiero del fiume.

Оба мужчины бежали рядом, пока команда мчалась по речной тропе.

François aveva avuto una grande stima dei "due diavoli" di Buck,

Франсуа был высокого мнения о «двух дьяволах» Бэка,

ma ben presto si rese conto di aver in realtà sottovalutato il cane.

но вскоре он понял, что на самом деле недооценил собаку.

Buck assunse rapidamente la leadership e si comportò in modo eccellente.

Бак быстро взял на себя руководство и проявил себя превосходно.

Buck superò Spitz per capacità di giudizio, rapidità di pensiero e rapidità di azione.

В рассудительности, быстроте мышления и действиях Бак превзошел Шпица.

François non aveva mai visto un cane pari a quello che Buck mostrava ora.

Франсуа никогда не видел собаку, подобную той, которую сейчас демонстрировал Бак.

Ma Buck eccelleva davvero nel far rispettare l'ordine e nel imporre rispetto.

Но Бак действительно преуспел в поддержании порядка и завоевании уважения.

Dave e Solleks accettarono il cambiamento senza preoccupazioni o proteste.

Дэйв и Соллекс приняли изменения без беспокойства или протеста.

Si concentravano solo sul lavoro e tiravano forte le redini.

Они сосредоточились только на работе и на том, чтобы крепко держать поводья.

A loro importava poco chi guidasse, purché la slitta continuasse a muoversi.

Их мало заботило, кто идет впереди, лишь бы сани продолжали движение.

Billee, quella allegra, avrebbe potuto comandare per quel che volevano.

Билли, жизнерадостный парень, мог бы быть лидером, если бы им было все равно.

Ciò che contava per loro era la pace e l'ordine tra i ranghi.

Для них важен был мир и порядок в рядах.

Il resto della squadra era diventato indisciplinato durante il declino di Spitz.

Остальная часть команды стала неуправляемой из-за упадка Шпица.

Rimasero scioccati quando Buck li riportò immediatamente all'ordine.

Они были шокированы, когда Бак немедленно призвал их к порядку.

Pike era sempre stato pigro e aveva sempre tergiversato dietro a Buck.

Пайк всегда был ленивым и еле волочил ноги за Баком.

Ma ora è stato severamente disciplinato dalla nuova leadership.

Но теперь новое руководство приняло жесткие меры дисциплинарного воздействия.

E imparò rapidamente a dare il suo contributo alla squadra.

И он быстро научился вносить свой вклад в команду.

Alla fine della giornata, Pike lavorò più duramente che mai.

К концу дня Пайк работал усерднее, чем когда-либо прежде.

Quella notte all'accampamento, Joe, il cane scontroso, fu finalmente domato.

В ту ночь в лагере Джо, ворчливый пес, наконец-то был усмирен.

Spitz non era riuscito a disciplinarlo, ma Buck non aveva fallito.

Шпиц не сумел его дисциплинировать, но Бак не подвел.

Sfruttando il suo peso maggiore, Buck sopraffece Joe in pochi secondi.

Используя свой больший вес, Бак за считанные секунды одолел Джо.

Morse e picchiò Joe finché questi non si mise a piagnucolare e smise di opporre resistenza.

Он кусал и избивал Джо до тех пор, пока тот не заскулил и не перестал сопротивляться.

Da quel momento in poi l'intera squadra migliorò.

С этого момента вся команда пошла на поправку.

I cani ritrovarono la loro antica unità e disciplina.

Собаки вновь обрели прежнее единство и дисциплину.

A Rink Rapids si sono uniti al gruppo due nuovi husky autoctoni, Teek e Koona.

В Rink Rapids к ним присоединились две новые местные лайки — Тик и Куна.

La rapidità con cui Buck li addestramento stupì perfino François.

Быстрота, с которой Бак их обучил, удивила даже Франсуа.

"Non è mai esistito un cane come quel Buck!" esclamò stupito.

«Никогда не было такой собаки, как этот Бак!» — воскликнул он в изумлении.

"No, mai! Vale mille dollari, per Dio!"

«Нет, никогда! Он стоит тысячу долларов, ей-богу!»

"Eh? Che ne dici, Perrault?" chiese con orgoglio.

«А? Что ты скажешь, Перро?» — спросил он с гордостью.

Perrault annuì in segno di assenso e controllò i suoi appunti.

Перро кивнул в знак согласия и проверил свои записи.

Siamo già in anticipo sui tempi e guadagniamo sempre di più ogni giorno.

Мы уже опережаем график и добиваемся большего с каждым днем.

Il sentiero era compatto e liscio, senza neve fresca.

Тропа была укатанной и ровной, без свежего снега.

Il freddo era costante, con temperature che si aggiravano sempre sui cinquanta gradi sotto zero.

Мороз был устойчивым, температура держалась на отметке в пятьдесят градусов ниже нуля.

Per scaldarsi e guadagnare tempo, gli uomini si alternavano a cavallo e a correre.

Мужчины по очереди ехали и бежали, чтобы согреться и выиграть время.

I cani correvano veloci, fermandosi di rado, spingendosi sempre in avanti.

Собаки бежали быстро, почти не останавливаясь, все время устремляясь вперед.

Il fiume Thirty Mile era per la maggior parte ghiacciato e facile da attraversare.

Река Тридцатая Миля почти полностью замерзла, и ее было легко пересечь.

In un giorno realizzarono ciò che per arrivare aveva impiegato dieci giorni.

Они ушли за один день, хотя на подготовку у них ушло десять дней.

Percorsero circa 96 chilometri dal lago Le Barge a White Horse.

Они совершили шестидесятимильный рывок от озера Ле-Барж до Уайт-Хорс.

Si muovevano a velocità incredibile attraverso i laghi Marsh, Tagish e Bennett.

Через озера Марш, Тагиш и Беннетт они двигались невероятно быстро.

L'uomo che correva veniva trainato dietro la slitta con una corda.

Бегущий человек тащил сани на верёвке.

L'ultima notte della seconda settimana giunsero a destinazione.

В последний вечер второй недели они добрались до места назначения.

Insieme avevano raggiunto la cima del White Pass.

Вместе они достигли вершины Уайт-Пасс.

Scesero fino al livello del mare, con le luci dello Skaguay sotto di loro.

Они снизились до уровня моря, а огни Скагуая остались внизу.

Era stata una corsa da record attraverso chilometri di fredda natura selvaggia.

Это был рекордный забег по многокилометровой холодной пустыне.

Per quattordici giorni di fila percorsero in media circa quaranta miglia.

В течение четырнадцати дней подряд они в среднем проходили по сорок миль.

A Skaguay, Perrault e François trasportavano merci attraverso la città.

В Скагуае Перро и Франсуа перевозили грузы по городу.

Furono applauditi e ricevettero numerose bevande dalla folla ammirata.

Восхищенная толпа приветствовала их и предложила им множество напитков.

I cacciatori di cani e gli operai si sono riuniti attorno alla famosa squadra cinofila.

Охотники за собаками и рабочие собрались вокруг знаменитой собачьей команды.

Poi i fuorilegge del West giunsero in città e subirono una violenta sconfitta.

Затем в город пришли западные преступники и потерпели жестокое поражение.

La gente si dimenticò presto della squadra e si concentrò sul nuovo dramma.

Люди вскоре забыли о команде и сосредоточились на новой драме.

Poi arrivarono i nuovi ordini che cambiarono tutto in un colpo.

Затем пришли новые приказы, которые сразу все изменили.

François chiamò Buck e lo abbracciò con orgoglio e lacrime.

Франсуа подозвал к себе Бэка и обнял его со слезами гордости.

Quel momento fu l'ultima volta che Buck vide di nuovo François.

В этот момент Бак в последний раз видел Франсуа.

Come molti altri uomini prima di lui, sia François che Perrault se n'erano andati.

Как и многие другие мужчины до него, Франсуа и Перро ушли из жизни.

Un meticcio scozzese si prese cura di Buck e dei suoi compagni di squadra con i cani da slitta.

Шотландский метис взял под опеку Бака и его товарищей по упряжке.

Con una dozzina di altre mute di cani, ritornarono lungo il sentiero fino a Dawson.

Вместе с дюжиной других собачьих упряжек они вернулись по тропе в Доусон.

Non si trattava più di una corsa veloce, ma solo di un duro lavoro con un carico pesante ogni giorno.

Теперь это был уже не быстрый бег, а просто тяжелый труд с тяжелым грузом каждый день.

Si trattava del treno postale che portava notizie ai cercatori d'oro vicino al Polo.

Это был почтовый поезд, доставляющий вести охотникам за золотом, находящимся у полюса.

Buck non amava il lavoro, ma lo sopportò bene, essendo orgoglioso del suo impegno.

Баку эта работа не нравилась, но он хорошо ее переносил, гордясь своими усилиями.

Come Dave e Solleks, Buck dimostrava dedizione in ogni compito quotidiano.

Подобно Дэйву и Соллексу, Бак проявлял преданность каждому ежедневному заданию.

Si è assicurato che tutti i suoi compagni di squadra dessero il massimo.

Он следил за тем, чтобы каждый из его товарищей по команде выполнял свою часть работы.

La vita sui sentieri divenne noiosa e si ripeteva con la precisione di una macchina.

Жизнь на тропе стала скучной и повторялась с точностью машины.

Ogni giorno era uguale, una mattina si fondeva con quella successiva.

Каждый день был похож на предыдущий, одно утро сменялось другим.

Alla stessa ora, i cuochi si alzarono per accendere il fuoco e preparare il cibo.

В тот же час встали повара, чтобы развести костры и приготовить еду.

Dopo colazione alcuni lasciarono l'accampamento mentre altri attaccarono i cani.

После завтрака некоторые покинули лагерь, а другие запрягли собак.

Raggiunsero il sentiero prima che il pallido segnale dell'alba sfiorasse il cielo.

Они отправились в путь еще до того, как на небе забрезжили первые проблески рассвета.

Di notte si fermavano per accamparsi, e a ogni uomo veniva assegnato un compito.

Ночью они остановились, чтобы разбить лагерь, и у каждого человека была определенная обязанность.

Alcuni montarono le tende, altri tagliarono la legna da ardere e raccolsero rami di pino.

Одни ставили палатки, другие рубили дрова и собирали сосновые ветки.

Acqua o ghiaccio venivano portati ai cuochi per la cena serale.

Воду или лед приносили поварам для вечернего приема пищи.

I cani vennero nutriti e per loro quello fu il momento migliore della giornata.

Собак покормили, и для них это была лучшая часть дня.

Dopo aver mangiato il pesce, i cani si rilassarono e oziarono vicino al fuoco.

Поев рыбы, собаки расслабились и расположились возле костра.

Nel convoglio c'erano un centinaio di altri cani con cui socializzare.

В колонне было еще около сотни собак, с которыми можно было пообщаться.

Molti di quei cani erano feroci e pronti a combattere senza preavviso.

Многие из этих собак были свирепы и бросались в драку без предупреждения.

Ma dopo tre vittorie, Buck riuscì a domare anche i combattenti più feroci.

Но после трех побед Бак одолел даже самых свирепых бойцов.

Ora, quando Buck ringhiò e mostrò i denti, loro si fecero da parte.

Теперь, когда Бак зарычал и оскалил зубы, они отступили в сторону.

Forse la cosa più bella di tutte era che a Buck piaceva sdraiarsi vicino al fuoco tremolante.

Возможно, больше всего Бак нравилось лежать у мерцающего костра.

Si accovacciò, con le zampe posteriori ripiegate e quelle anteriori distese in avanti.

Он присел, поджав задние ноги и вытянув передние вперед.

Teneva la testa sollevata e sbatteva dolcemente le palpebre verso le fiamme ardenti.

Он поднял голову и тихонько моргнул, глядя на яркое пламя.

A volte ricordava la grande casa del giudice Miller a Santa Clara.

Иногда он вспоминал большой дом судьи Миллера в Санта-Кларе.

Pensò alla piscina di cemento, a Ysabel e al carlino di nome Toots.

Он подумал о цементном бассейне, об Изабель и мопсе по кличке Тутс.

Ma più spesso si ricordava del bastone dell'uomo con il maglione rosso.

Но чаще всего он вспоминал человека в красном свитере с дубинкой.

Ricordava la morte di Curly e la sua feroce battaglia con Spitz.

Он вспомнил смерть Кёрли и его жестокую битву со Шпицем.

Ricordava anche il buon cibo che aveva mangiato o che ancora sognava.

Он также вспомнил вкусную еду, которую он ел или о которой все еще мечтал.

Buck non aveva nostalgia di casa: la valle calda era lontana e irreale.

Бак не тосковал по дому — теплая долина была далекой и нереальной.

I ricordi della California non avevano più alcun fascino su di lui.

Воспоминания о Калифорнии больше не имели над ним никакого влияния.

Più forti della memoria erano gli istinti radicati nella sua stirpe.

Инстинкты, глубоко укоренившиеся в его роду, были сильнее памяти.

Le abitudini un tempo perdute erano tornate, ravvivate dal sentiero e dalla natura selvaggia.

Вернулись некогда утраченные привычки, возрожденные тропой и дикой природой.

Mentre Buck osservava la luce del fuoco, a volte questa diventava qualcos'altro.

Когда Бак смотрел на свет костра, он порой становился чем-то другим.

Vide alla luce del fuoco un altro fuoco, più vecchio e più profondo di quello attuale.

В свете костра он увидел еще один огонь, более старый и глубокий, чем нынешний.

Accanto all'altro fuoco era accovacciato un uomo che non somigliava per niente al cuoco meticcio.

Возле другого костра присел человек, непохожий на повара-полукровку.

Questa figura aveva gambe corte, braccia lunghe e muscoli duri e contratti.

У этой фигуры были короткие ноги, длинные руки и крепкие, узловатые мышцы.

I suoi capelli erano lunghi e arruffati, e gli scendevano all'indietro a partire dagli occhi.

Волосы у него были длинные и спутанные, зачесанные назад от глаз.

Emetteva strani suoni e fissava l'oscurità con paura.

Он издавал странные звуки и со страхом смотрел в темноту.

Teneva bassa una mazza di pietra, stretta saldamente nella sua mano lunga e ruvida.

Он держал каменную дубинку низко, крепко сжимая ее в своей длинной грубой руке.

L'uomo indossava ben poco: solo una pelle carbonizzata che gli pendeva lungo la schiena.

На мужчине было мало одежды: только обугленная кожа свисала со спины.

Il suo corpo era ricoperto da una folta peluria sulle braccia, sul petto e sulle cosce.

Его тело было покрыто густыми волосами на руках, груди и бедрах.

Alcune parti del pelo erano aggrovigliate e formavano chiazze di pelo ruvido.

Некоторые части волос спутались в клочья грубой шерсти.

Non stava dritto, ma era piegato in avanti dai fianchi alle ginocchia.

Он не стоял прямо, а наклонился вперед от бедер до колен.

I suoi passi erano elastici e felini, come se fosse sempre pronto a scattare.

Его шаги были пружинистыми и кошачьими, словно он всегда был готов к прыжку.

C'era una forte allerta, come se vivesse nella paura costante.

Он чувствовал острую настороженность, как будто жил в постоянном страхе.

Quest'uomo anziano sembrava aspettarsi il pericolo, indipendentemente dal fatto che questo venisse visto o meno.

Этот древний человек, казалось, ожидал опасности, независимо от того, была ли она заметна или нет.

A volte l'uomo peloso dormiva accanto al fuoco, con la testa tra le gambe.

Иногда волосатый человек спал у огня, засунув голову между ног.

Teneva i gomiti sulle ginocchia e le mani giunte sopra la testa.

Его локти опирались на колени, руки были сложены над головой.

Come un cane, usava le sue braccia pelose per proteggersi dalla pioggia che cadeva.

Как собака, он использовал свои волосатые руки, чтобы защититься от падающего дождя.

Oltre la luce del fuoco, Buck vide due carboni ardenti che ardevano nell'oscurità.

За светом костра Бак увидел два светящихся в темноте угля.

Sempre a due a due, erano gli occhi delle bestie da preda.

Всегда попарно, они были глазами преследующих их хищников.

Sentì corpi che si infrangevano tra i cespugli e rumori provenienti dalla notte.

Он слышал, как сквозь кусты пробираются тела, и какие-то звуки раздавались в ночи.

Sdraiato sulla riva dello Yukon, sbattendo le palpebre, Buck sognò accanto al fuoco.

Лежа на берегу Юкона и моргая, Бак мечтал у костра.

Le immagini e i suoni di quel mondo selvaggio gli fecero rizzare i capelli.

Виды и звуки этого дикого мира заставили его волосы встать дыбом.

La pelliccia gli si drizzò lungo la schiena, sulle spalle e sul collo.

Мех поднялся по его спине, плечам и шее.

Gemeva piano o emetteva un ringhio basso dal profondo del petto.

Он тихонько скулил или издавал низкий рык глубоко в груди.

Allora il cuoco meticcio urlò: "Ehi, Buck, svegliati!"

И тут повар-метис крикнул: «Эй, Бак, просыпайся!»

Il mondo dei sogni svanì e la vera vita tornò agli occhi di Buck.

Мир грёз исчез, и в глазах Бака вновь заиграла реальная жизнь.

Si sarebbe alzato, si sarebbe stiracchiato e avrebbe sbadigliato, come se si fosse svegliato da un pisolino.

Он собирался встать, потянуться и зевнуть, как будто проснулся.

Il viaggio era duro, con la slitta postale che li trascinava dietro.

Путешествие было тяжелым, почтовые сани тащились за ними.

Carichi pesanti e lavoro duro sfinivano i cani ogni lunga giornata.

Тяжелые грузы и тяжелая работа изнуряли собак каждый долгий день.

Arrivarono a Dawson magro, stanco e con bisogno di più di una settimana di riposo.

Они добрались до Доусона истощенными, уставшими и нуждавшимися в недельном отдыхе.

Ma solo due giorni dopo ripartirono per lo Yukon.

Но всего через два дня они снова двинулись вниз по Юкону.

Erano carichi di altre lettere dirette al mondo esterno.

Они были загружены письмами, предназначенными для внешнего мира.

I cani erano esausti e gli uomini si lamentavano in continuazione.

Собаки были измотаны, а люди постоянно жаловались.

Ogni giorno cadeva la neve, ammorbidendo il sentiero e rallentando le slitte.

Снег падал каждый день, размывая тропу и замедляя движение саней.

Ciò rendeva la trazione più dura e aumentava la resistenza delle guide.

Это приводило к более сильному натяжению и большему сопротивлению полозьев.

Nonostante ciò, i piloti si sono dimostrati leali e hanno avuto cura delle loro squadre.

Несмотря на это, гонщики были справедливы и заботились о своих командах.

Ogni notte, i cani venivano nutriti prima che gli uomini mangiassero.

Каждый вечер собак кормили до того, как приступать к еде получали мужчины.

Nessun uomo dormiva prima di controllare le zampe del proprio cane.

Ни один человек не ложится спать, не проверив лапы своей собаки.

Tuttavia, i cani diventavano sempre più deboli man mano che i chilometri consumavano i loro corpi.

Тем не менее, собаки слабели по мере того, как мили изнуряли их.

Avevano viaggiato per milleottocento miglia durante l'inverno.

За зиму они прошли тысячу восемьсот миль.

Percorrevano ogni miglio di quella distanza brutale trainando le slitte.

Они тащили сани через каждую милю этого сурового расстояния.

Anche i cani da slitta più resistenti provano tensione dopo tanti chilometri.

Даже самые выносливые ездовые собаки чувствуют усталость после стольких миль.

Buck tenne duro, fece sì che la sua squadra lavorasse e mantenne la disciplina.

Бак держался, заставлял свою команду работать и поддерживал дисциплину.

Ma Buck era stanco, proprio come gli altri durante il lungo viaggio.

Но Бак устал, как и все остальные, проделавшие долгий путь.

Billee piagnucolava e piangeva nel sonno ogni notte, senza sosta.

Билли каждую ночь скулил и плакал во сне.

Joe diventò ancora più amareggiato e Solleks rimase freddo e distante.

Джо стал еще более озлобленным, а Соллекс оставался холодным и отстраненным.

Ma è stato Dave a soffrire di più di tutta la squadra.

Но больше всех из всей команды пострадал Дэйв.

Qualcosa dentro di lui era andato storto, anche se nessuno sapeva cosa.

Что-то внутри него пошло не так, хотя никто не знал, что именно.

Divenne più lunatico e aggredì gli altri con rabbia crescente.

Он стал более угрюмым и с нарастающим гневом огрызался на других.

Ogni notte andava dritto al suo nido, in attesa di essere nutrito.

Каждую ночь он шел прямо в свое гнездо, ожидая, когда его покормят.

Una volta a terra, Dave non si alzò più fino al mattino.

Оказавшись внизу, Дэйв не вставал до утра.

Sulle redini, gli improvvisi strattoni o sussulti lo facevano gridare di dolore.

Внезапные рывки или толчки вожжей заставляли его кричать от боли.

L'autista ha cercato di capirne la causa, ma non ha trovato ferite.

Его водитель искал причину, но не обнаружил у него никаких травм.

Tutti gli autisti cominciarono a osservare Dave e a discutere del suo caso.

Все водители стали наблюдать за Дэйвом и обсуждать его случай.

Parlarono durante i pasti e durante l'ultima sigaretta della giornata.

Они разговаривали за едой и во время последней за день выкуренной сигареты.

Una notte tennero una riunione e portarono Dave al fuoco.

Однажды ночью они провели собрание и привели Дэйва к огню.

Gli premevano e palpavano il corpo e lui gridava spesso.

Они надавливали и ощупывали его тело, и он часто кричал.

Era evidente che qualcosa non andava, anche se non sembrava esserci nessuna frattura.

Очевидно, что-то было не так, хотя кости, похоже, не были сломаны.

Quando arrivarono al Cassiar Bar, Dave stava cadendo.

К тому времени, как они добрались до бара «Кассиар», Дэйв начал падать.

Il meticcio scozzese impose uno stop e rimosse Dave dalla squadra.

Шотландский полукровка объявил остановку и исключил Дэйва из команды.

Fissò Solleks al posto di Dave, il più vicino possibile alla parte anteriore della slitta.

Он пристегнул «Соллекс» на место Дэйва, ближе к передней части саней.

Voleva lasciare che Dave riposasse e corresse libero dietro la slitta in movimento.

Он хотел дать Дэйву отдохнуть и свободно побежать за движущимися санями.

Ma nonostante la malattia, Dave odiava che gli venisse tolto il lavoro che aveva ricoperto.

Но даже будучи больным, Дэйв ненавидел, когда его лишали работы, которой он владел.

Ringhiò e piagnucolò quando gli strapparono le redini dal corpo.

Он зарычал и заскулил, когда поводья выдернули из его тела.

Quando vide Solleks al suo posto, pianse disperato.

Когда он увидел Соллекса на своем месте, он заплакал от разрыва сердца.

L'orgoglio per il lavoro sui sentieri era profondo in Dave, anche quando la morte si avvicinava.

Гордость за пройденный путь не покидала Дэйва даже перед лицом приближающейся смерти.

Mentre la slitta si muoveva, Dave arrancava nella neve soffice vicino al sentiero.

Пока сани двигались, Дэйв барахтался в рыхлом снегу возле тропы.

Attaccò Solleks, mordendolo e spingendolo giù dal lato della slitta.

Он напал на Соллекса, кусая и отталкивая его от саней.

Dave cercò di saltare nell'imbracatura e di riprendersi il suo posto di lavoro.

Дэйв попытался запрыгнуть в упряжь и вернуть себе рабочее место.

Lui guaiva, si lamentava e piangeva, diviso tra il dolore e l'orgoglio del parto.

Он визжал, скулил и плакал, разрываясь между болью и гордостью за роды.

Il meticcio usò la frusta per cercare di allontanare Dave dalla squadra.

Метис использовал свой хлыст, чтобы попытаться отогнать Дэйва от команды.

Ma Dave ignorò la frustata e l'uomo non riuscì a colpirlo più forte.

Но Дэйв проигнорировал удар, и мужчина не смог ударить его сильнее.

Dave rifiutò il sentiero più facile dietro la slitta, dove la neve era compatta.

Дэйв отказался от более легкого пути за санями, где был утрамбованный снег.

Invece, si ritrovò a lottare nella neve profonda, ai lati del sentiero, in preda alla miseria.

Вместо этого он в отчаянии барахтался в глубоком снегу рядом с тропой.

Alla fine Dave crollò, giacendo sulla neve e urlando di dolore.

В конце концов Дэйв рухнул на снег и завыл от боли.

Lanciò un grido mentre la lunga fila di slitte gli passava accanto una dopo l'altra.

Он вскрикнул, когда длинный караван саней проезжал мимо него один за другим.

Tuttavia, con le poche forze che gli rimanevano, si alzò e barcollò dietro di loro.

Но, собрав последние силы, он поднялся и, спотыкаясь, пошёл за ними.

Quando il treno si fermò di nuovo, lo raggiunse e trovò la sua vecchia slitta.

Он догнал его, когда поезд снова остановился, и нашел свои старые сани.

Superò con difficoltà le altre squadre e tornò a posizionarsi accanto a Solleks.

Он протиснулся мимо других команд и снова встал рядом с Соллексом.

Mentre l'autista si fermava per accendere la pipa, Dave colse l'ultima occasione.

Пока водитель останавливался, чтобы раскурить трубку, Дэйв воспользовался своим последним шансом.

Quando l'autista tornò e urlò, la squadra non avanzò.

Когда водитель вернулся и крикнул, команда не двинулась дальше.

I cani avevano girato la testa, confusi dall'improvviso arresto.

Собаки повернули головы, сбитые с толку внезапной остановкой.

Anche il conducente era scioccato: la slitta non si era mossa di un centimetro in avanti.

Водитель тоже был шокирован — сани не сдвинулись ни на дюйм вперед.

Chiamò gli altri perché venissero a vedere cosa era successo.

Он позвал остальных посмотреть, что случилось.

Dave aveva masticato le redini di Solleks, spezzandole entrambe.

Дэйв перегрыз поводья Соллекса, сломав их пополам.

Ora era di nuovo in piedi davanti alla slitta, nella sua giusta posizione.

Теперь он стоял перед санями, снова заняв свое законное место.

Dave alzò lo sguardo verso l'autista, implorandolo silenziosamente di restare al passo.

Дэйв посмотрел на водителя, молча умоляя его не съезжать с трассы.

L'autista era perplesso e non sapeva cosa fare per il cane in difficoltà.

Водитель был озадачен, не зная, что делать с борющейся собакой.

Gli altri uomini parlavano di cani morti perché li avevano portati fuori.

Другие мужчины говорили о собаках, которые погибли из-за того, что их вывели на улицу.

Raccontavano di cani vecchi o feriti il cui cuore si era spezzato quando erano stati abbandonati.

Они рассказывали о старых или раненых собаках, чьи сердца разрывались, когда их оставляли дома.

Concordarono che era un atto di misericordia lasciare che Dave morisse mentre era ancora imbrigliato.

Они согласились, что было бы милосердием позволить Дэйву умереть, все еще находясь в своей упряжи.

Fu rimesso in sicurezza sulla slitta e Dave tirò con orgoglio.

Его снова пристегнули к саням, и Дэйв с гордостью потянул их.

Anche se a volte gridava, lavorava come se il dolore potesse essere ignorato.

Хотя он иногда и кричал, он работал так, как будто боль можно было игнорировать.

Più di una volta cadde e fu trascinato prima di rialzarsi.

Не раз он падал, и его тащили, прежде чем он снова поднялся.

A un certo punto la slitta gli rotolò addosso e da quel momento in poi zoppicò.

Однажды сани перевернулись через него, и с тех пор он хромал.

Nonostante ciò, lavorò finché non raggiunse l'accampamento e poi si sdraiò accanto al fuoco.

Тем не менее он работал, пока не добрался до лагеря, а затем лёг у костра.

Al mattino Dave era troppo debole per muoversi o anche solo per stare in piedi.

К утру Дэйв был слишком слаб, чтобы идти или даже стоять прямо.

Al momento di allacciare l'imbracatura, cercò di raggiungere il suo autista con sforzi trementi.

Когда пришло время запрягать лошадей, он с дрожью в голосе попытался дотянуться до водителя.

Si sforzò di rialzarsi, barcollò e crollò sul terreno innevato.

Он заставил себя подняться, пошатнулся и рухнул на заснеженную землю.

Utilizzando le zampe anteriori, trascinò il suo corpo verso la zona dell'imbracatura.

Используя передние ноги, он подтащил своё тело к месту упряжи.

Si fece avanti, centimetro dopo centimetro, verso i cani da lavoro.

Он продвигался вперёд, дюйм за дюймом, по направлению к рабочим собакам.

Le forze gli cedettero, ma continuò a muoversi nel suo ultimo disperato tentativo.

Его силы иссякли, но он продолжал двигаться в своём последнем отчаянном рывке.

I suoi compagni di squadra lo videro ansimare nella neve, ancora desideroso di unirsi a loro.

Его товарищи по команде видели, как он задыхался в снегу, всё ещё жаждая присоединиться к ним.

Lo sentirono urlare di dolore mentre si lasciavano alle spalle l'accampamento.

Они услышали, как он завыл от горя, когда они покинули лагерь.

Mentre la squadra svaniva tra gli alberi, il grido di Dave risuonava dietro di loro.

Когда команда скрылась за деревьями, позади них раздался крик Дэйва.

Il treno delle slitte si fermò brevemente dopo aver attraversato un tratto di fiume ricco di boschi.

Санный поезд ненадолго остановился, перейдя через участок речного леса.

Il meticcio scozzese tornò lentamente verso l'accampamento alle sue spalle.

Шотландец-метис медленно побрел обратно к лагерю.

Gli uomini smisero di parlare quando lo videro scendere dal treno delle slitte.

Мужчины замолчали, увидев, как он выходит из саней.

Poi un singolo colpo di pistola risuonò chiaro e netto attraverso il sentiero.

Затем над тропой раздался ясный и резкий выстрел.

L'uomo tornò rapidamente e prese il suo posto senza dire una parola.

Мужчина быстро вернулся и, не сказав ни слова, занял свое место.

Le fruste schioccavano, i campanelli tintinnavano e le slitte avanzavano sulla neve.

Защелкали кнуты, зазвенели колокольчики, и сани покатились по снегу.

Ma Buck sapeva cosa era successo, come tutti gli altri cani.

Но Бак знал, что произошло, как и все остальные собаки.

La fatica delle redini e del sentiero
Труды вожжей и следа

Trenta giorni dopo aver lasciato Dawson, la Salt Water Mail raggiunse Skaguay.

Через тридцать дней после выхода из Доусона почта «Солт-Уотер» достигла Скагуая.

Buck e i suoi compagni di squadra presero il comando e arrivarono in condizioni pietose.

Бак и его товарищи по команде вырвались вперед, но прибыли в плачевном состоянии.

Buck era sceso da 140 a 150 chili.

Бак похудел со ста сорока до ста пятнадцати фунтов.

Gli altri cani, sebbene più piccoli, avevano perso ancora più peso corporeo.

Другие собаки, хотя и были меньше, потеряли еще больше веса.

Pike, che una volta zoppicava fingendo, ora trascinava dietro di sé una gamba veramente ferita.

Пайк, когда-то притворявшийся хромым, теперь волочил за собой по-настоящему травмированную ногу.

Solleks zoppicava gravemente e Dub aveva una scapola slogata.

Соллекс сильно хромал, а у Даба была вывихнута лопатка.

Tutti i cani del team avevano i piedi doloranti a causa delle settimane trascorse sul sentiero ghiacciato.

У всех собак в команде были стерты ноги после недель ходьбы по замерзшей тропе.

Non avevano più slancio nei loro passi, solo un movimento lento e trascinato.

В их шагах не осталось никакой пружины, только медленное, волочащееся движение.

I loro piedi colpivano il sentiero con forza e ogni passo aggiungeva ulteriore sforzo al loro corpo.

Их ноги тяжело ступали по тропе, и каждый шаг добавлял телу дополнительную нагрузку.

Non erano malati, erano solo stremati oltre ogni possibile guarigione naturale.

Они не были больны, просто истощены настолько, что не могли восстановиться естественным путем.

Non si trattava della stanchezza di una giornata faticosa, curata con una notte di riposo.

Это не была усталость от одного тяжелого дня, излечившаяся ночным отдыхом.

Era una stanchezza accumulata lentamente attraverso mesi di sforzi estenuanti.

Это было истощение, постепенно нараставшее в течение месяцев изнурительных усилий.

Non era rimasta alcuna riserva di forze: avevano esaurito ogni energia a loro disposizione.

Резервных сил не осталось — они израсходовали все, что имели.

Ogni muscolo, fibra e cellula del loro corpo era consumato e usurato.

Каждая мышца, волокно и клетка в их телах были истощены и изношены.

E c'era un motivo: avevano percorso duemilacinquecento miglia.

И на то была причина — они преодолели две с половиной тысячи миль.

Si erano riposati solo cinque giorni durante le ultime milleottocento miglia.

За последние тысячу восемьсот миль они отдыхали всего пять дней.

Quando giunsero a Skaguay, sembrava che riuscissero a malapena a stare in piedi.

Когда они добрались до Скагуая, они едва могли стоять на ногах.

Facevano fatica a tenere le redini strette e a restare davanti alla slitta.

Им с трудом удавалось удерживать вожжи натянутыми и оставаться впереди саней.

Nei pendii in discesa riuscivano solo a evitare di essere investiti.

На спусках им удавалось лишь избегать наездов.

"Continuate a marciare, poveri piedi doloranti", disse l'autista mentre zoppicavano.

«Идите вперед, бедные, больные ноги», — сказал водитель, пока они хромали.

"Questo è l'ultimo tratto, poi ci prenderemo tutti un lungo riposo, di sicuro."

«Это последний отрезок пути, а потом нам всем обязательно предстоит долгий отдых».

"Un riposo davvero lungo", promise, guardandoli barcollare in avanti.

«Один по-настоящему долгий отдых», — пообещал он, наблюдая, как они, пошатываясь, идут вперед.

Gli autisti si aspettavano una lunga e necessaria pausa.

Водители рассчитывали, что теперь им предоставят длительный и столь необходимый перерыв.

Avevano percorso milleduecento miglia con solo due giorni di riposo.

Они прошли тысячу двести миль, отдохнув всего два дня.

Per correttezza e ragione, ritenevano di essersi guadagnati un po' di tempo per rilassarsi.

По справедливости и здравому смыслу они посчитали, что заслужили время для отдыха.

Ma troppi erano giunti nel Klondike e troppo pochi erano rimasti a casa.

Но слишком многие приехали на Клондайк, и слишком немногие остались дома.

Le lettere delle famiglie continuavano ad arrivare, creando pile di posta in ritardo.

Письма от семей хлынули потоком, создавая горы задержанной почты.

Arrivarono gli ordini ufficiali: i nuovi cani della Hudson Bay avrebbero preso il sopravvento.

Поступил официальный приказ — на смену собакам Гудзонова залива пришли новые.

I cani esausti, ormai considerati inutili, dovevano essere eliminati.

Измученных собак, которых теперь называли бесполезными, подлежали уничтожению.

Poiché i soldi erano più importanti dei cani, venivano venduti a basso prezzo.

Поскольку деньги значили больше, чем собаки, их собирались продать по дешёвке.

Passarono altri tre giorni prima che i cani si accorgessero di quanto fossero deboli.

Прошло еще три дня, прежде чем собаки почувствовали, насколько они слабы.

La quarta mattina, due uomini provenienti dagli Stati Uniti acquistarono l'intera squadra.

На четвертое утро двое мужчин из Штатов выкупили всю команду.

La vendita comprendeva tutti i cani e le loro imbracature usate.

В продажу были включены все собаки, а также их изношенная упряжь.

Mentre concludevano l'affare, gli uomini si chiamavano tra loro "Hal" e "Charles".

Завершая сделку, мужчины называли друг друга «Хэл» и «Чарльз».

Charles era un uomo di mezza età, pallido, con labbra molli e folti baffi.

Чарльз был человеком средних лет, бледным, с вялыми губами и жесткими кончиками усов.

Hal era un giovane, forse diciannove anni, che indossava una cintura imbottita di cartucce.

Хэл был молодым человеком лет девятнадцати, носившим пояс, набитый патронами.

Nella cintura erano contenuti un grosso revolver e un coltello da caccia, entrambi inutilizzati.

На поясе висели большой револьвер и охотничий нож, оба неиспользованные.

Dimostrava quanto fosse inesperto e inadatto alla vita nel Nord.

Это показало, насколько он неопытен и неприспособлен к жизни на Севере.

Nessuno dei due uomini viveva in natura; la loro presenza sfidava ogni ragionevolezza.

Ни один из них не принадлежал дикой природе; их присутствие противоречило всякому здравому смыслу.

Buck osservava lo scambio di denaro tra l'acquirente e l'agente.

Бак наблюдал, как деньги передавались из рук в руки между покупателем и агентом.

Sapeva che i conducenti dei treni postali stavano abbandonando la sua vita come tutti gli altri.

Он знал, что машинисты почтовых поездов покидают его жизнь, как и все остальные.

Seguirono Perrault e François, ormai scomparsi.

Они последовали за Перро и Франсуа, которых теперь уже невозможно вспомнить.

Buck e la squadra vennero condotti al disordinato accampamento dei loro nuovi proprietari.

Бака и команду отвели в грязный лагерь их новых владельцев.

La tenda cedeva, i piatti erano sporchi e tutto era in disordine.

Палатка провисла, посуда была грязной, все лежало в беспорядке.

Anche Buck notò una donna lì: Mercedes, moglie di Charles e sorella di Hal.

Бак заметил там еще одну женщину — Мерседес, жену Чарльза и сестру Хэла.

Formavano una famiglia completa, anche se erano tutt'altro che adatti al sentiero.

Они были полноценной семьей, хотя и не совсем подходили для похода.

Buck osservava nervosamente mentre il trio iniziava a impacchettare le provviste.

Бак нервно наблюдал, как троица начала упаковывать припасы.

Lavoravano duro ma senza ordine, solo confusione e sforzi sprecati.

Они работали усердно, но без всякого порядка — только суета и напрасная трата сил.

La tenda era arrotolata fino a formare una sagoma ingombrante, decisamente troppo grande per la slitta.

Палатка была свернута в громоздкую форму, слишком большую для саней.

I piatti sporchi venivano imballati senza essere stati né lavati né asciugati.

Грязную посуду упаковывали, не вымыв и не высушивая.

Mercedes svolazzava in giro, parlando, correggendo e intromettendosi in continuazione.

Мерседес порхала вокруг, постоянно что-то говоря, поправляя и вмешиваясь.

Quando le misero un sacco davanti, lei insistette perché lo mettesse dietro.

Когда мешок положили спереди, она настояла, чтобы его повесили сзади.

Mise il sacco in fondo e un attimo dopo ne ebbe bisogno.

Она положила мешок на дно, и в следующий момент он ей понадобился.

Quindi la slitta venne disimballata di nuovo per raggiungere quella specifica borsa.

Поэтому сани пришлось снова распаковать, чтобы добраться до одной конкретной сумки.

Lì vicino, tre uomini stavano fuori da una tenda e osservavano la scena che si svolgeva.

Неподалеку от палатки стояли трое мужчин, наблюдая за происходящим.

Sorrisero, ammiccarono e sogghignarono di fronte all'evidente confusione dei nuovi arrivati.

Они улыбались, подмигивали и ухмылялись, видя явное замешательство новичков.

"Hai già un carico parecchio pesante", disse uno degli uomini.

«У тебя и так уже тяжелый груз», — сказал один из мужчин.

"Non credo che dovresti portare quella tenda, ma la scelta è tua."

«Я не думаю, что тебе следует нести эту палатку, но это твой выбор».

"Impensabile!" esclamò Mercedes, alzando le mani in segno di disperazione.

«Невероятно!» — воскликнула Мерседес, в отчаянии всплеснув руками.

"Come potrei viaggiare senza una tenda sotto cui dormire?"

«Как я смогу путешествовать без палатки, под которой можно было бы ночевать?»

«È primavera, non vedrai più il freddo», rispose l'uomo.

«Наступила весна, холодов больше не будет», — ответил мужчина.

Ma lei scosse la testa e loro continuarono ad accumulare oggetti sulla slitta.

Но она покачала головой, и они продолжили складывать вещи на сани.

Il carico era pericolosamente alto mentre aggiungevano gli ultimi oggetti.

Когда они добавили последние вещи, груз поднялся опасно высоко.

"Pensi che la slitta andrà avanti?" chiese uno degli uomini con aria scettica.

«Как думаешь, сани поедут?» — спросил один из мужчин со скептическим видом.

"E perché non dovrebbe?" ribatté Charles con netto fastidio.

«Почему бы и нет?» — резко возразил Чарльз.

"Oh, va bene", disse rapidamente l'uomo, evitando di offendersi.

«О, все в порядке», — быстро сказал мужчина, уходя от обиды.

"Mi chiedevo solo: mi sembrava un po' troppo pesante nella parte superiore."

«Я просто задался вопросом — мне показалось, что верхняя часть слишком перегружена».

Charles si voltò e legò il carico meglio che poté.

Чарльз отвернулся и привязал груз так крепко, как только мог.

Ma le legature erano allentate e l'imballaggio nel complesso era fatto male.

Однако крепления были ослаблены, а упаковка в целом была выполнена плохо.

"Certo, i cani tireranno così tutto il giorno", disse sarcasticamente un altro uomo.

«Конечно, собаки будут тащить это весь день», — саркастически заметил другой мужчина.

«Certamente», rispose Hal freddamente, afferrando il lungo timone della slitta.

«Конечно», — холодно ответил Хэл, хватаясь за длинную дышло саней.

Tenendo una mano sul palo, faceva roteare la frusta nell'altra.

Держа одну руку на шесте, он размахивал кнутом в другой руке.

"Andiamo!" urlò. "Muovetevi!", incitando i cani a partire.

«Пошли!» — крикнул он. «Пошевеливайся!» — подгоняя собак.

I cani si appoggiarono all'imbracatura e si sforzarono per qualche istante.

Собаки напряглись и несколько мгновений напрягались.

Poi si fermarono, incapaci di spostare di un centimetro la slitta sovraccarica.

Затем они остановились, не в силах сдвинуть перегруженные сани ни на дюйм.

"Quei fannulloni!" urlò Hal, alzando la frusta per colpirli.

«Ленивые скоты!» — закричал Хэл, занося кнут, чтобы ударить их.

Ma Mercedes si precipitò dentro e strappò la frusta dalle mani di Hal.

Но Мерседес ворвалась и выхватила хлыст из рук Хэла.

«Oh, Hal, non osare far loro del male», gridò allarmata.

«О, Хэл, не смей причинять им боль», — встревоженно закричала она.

"Promettimi che sarai gentile con loro, altrimenti non farò un altro passo."

«Пообещай мне, что будешь добр к ним, иначе я не сделаю ни шагу».

"Non sai niente di cani", scattò Hal contro la sorella.

«Ты ничего не знаешь о собаках», — рявкнул Хэл на сестру.

"Sono pigri e l'unico modo per smuoverli è frustarli."

«Они ленивы, и единственный способ их сдвинуть с места — это хлестать».

"Chiedi a chiunque, chiedi a uno di quegli uomini laggiù se dubiti di me."

«Спросите любого — спросите одного из тех мужчин, если вы сомневаетесь во мне».

Mercedes guardò gli astanti con occhi imploranti e pieni di lacrime.

Мерседес смотрела на зрителей умоляющими, полными слез глазами.

Il suo viso rivelava quanto odiasse la vista di qualsiasi dolore.

По ее лицу было видно, как сильно она ненавидела вид любой боли.

"Sono deboli, tutto qui", ha detto un uomo. "Sono sfiniti."

«Они слабы, вот и все», — сказал один мужчина. «Они измотаны».

"Hanno bisogno di riposare: hanno lavorato troppo a lungo senza una pausa."

«Им нужен отдых — они слишком долго работали без перерыва».

«Che il resto sia maledetto», borbottò Hal arricciando il labbro.

«Будь проклят остальной мир», — пробормотал Хэл, скривив губы.

Mercedes sussultò, visibilmente addolorata per le parole volgari pronunciate da lui.

Мерседес ахнула, явно задетая его грубым словом.

Ciononostante, lei rimase leale e difese immediatamente il fratello.

Тем не менее, она осталась верна брату и сразу же встала на его защиту.

"Non badare a quell'uomo", disse ad Hal. "Sono i nostri cani."

«Не обращай внимания на этого человека», — сказала она Хэлу. «Это наши собаки».

"Li guidi come meglio credi: fai ciò che ritieni giusto."

«Вы управляете ими так, как считаете нужным, — делаете то, что считаете правильным».

Hal sollevò la frusta e colpì di nuovo i cani senza pietà.

Хэл поднял хлыст и снова безжалостно ударил собак.

Si lanciarono in avanti, con i corpi bassi e i piedi che affondavano nella neve.

Они бросились вперед, пригнувшись и упираясь ногами в снег.

Tutta la loro forza era concentrata nel traino, ma la slitta non si muoveva.

Все силы были брошены на то, чтобы тянуть сани, но они не двигались с места.

La slitta rimase bloccata, come un'ancora congelata nella neve compatta.

Сани застряли, словно якорь, вмерзший в утрамбованный снег.

Dopo un secondo tentativo, i cani si fermarono di nuovo, ansimando forte.

После второй попытки собаки снова остановились, тяжело дыша.

Hal sollevò di nuovo la frusta, proprio mentre Mercedes interferiva di nuovo.

Хэл снова поднял хлыст, но тут снова вмешалась Мерседес.

Si lasciò cadere in ginocchio davanti a Buck e gli abbracciò il collo.

Она опустилась на колени перед Баком и обняла его за шею.

Le lacrime le riempivano gli occhi mentre implorava il cane esausto.

Слезы наполнили ее глаза, когда она умоляла измученную собаку.

"Poveri cari", disse, "perché non tirate più forte?"

«Бедняжки, — сказала она, — почему бы вам просто не потянуть сильнее?»

"Se tiri, non verrai frustato così."

«Если ты потянешь, то тебя не будут так хлестать».

A Buck non piaceva Mercedes, ma ormai era troppo stanco per resisterle.

Бэку не нравилась Мерседес, но он слишком устал, чтобы сопротивляться ей.

Lui accettò le sue lacrime come se fossero solo un'altra parte di quella giornata miserabile.

Он воспринял ее слезы как еще одну часть этого ужасного дня.

Uno degli uomini che osservavano, dopo aver represso la rabbia, finalmente parlò.

Один из наблюдавших за происходящим мужчин наконец заговорил, сдерживая свой гнев.

"Non mi interessa cosa succede a voi, ma quei cani sono importanti."

«Мне все равно, что с вами случится, но эти собаки имеют значение».

"Se vuoi aiutare, stacca quella slitta: è ghiacciata e innevata."

«Если хочешь помочь, отцепи эти сани — они примерзли к снегу».

"Spingi con forza il palo della luce, a destra e a sinistra, e rompi il sigillo di ghiaccio."

«Надавите на столб справа и слева и сломайте ледяную корку».

Fu fatto un terzo tentativo, questa volta seguendo il suggerimento dell'uomo.

Третья попытка была предпринята, на этот раз по предложению мужчины.

Hal fece oscillare la slitta da una parte all'altra, facendo staccare i pattini.

Хэл раскачивал сани из стороны в сторону, отчего полозья расшатывались.

La slitta, benché sovraccarica e scomoda, alla fine sobbalzò in avanti.

Сани, хотя и перегруженные и неуклюжие, наконец двинулись вперед.

Buck e gli altri tirarono selvaggiamente, spinti da una tempesta di frustate.

Бак и остальные рванули изо всех сил, подгоняемые ураганом хлыстовых ударов.

Un centinaio di metri più avanti, il sentiero curvava e scendeva in pendenza verso la strada.

В сотне ярдов впереди тропа изгибалась и спускалась к улице.

Ci sarebbe voluto un guidatore esperto per tenere la slitta in posizione verticale.

Чтобы удерживать сани в вертикальном положении, требовался опытный водитель.

Hal non era abile e la slitta si ribaltò mentre svoltava.

У Хэла не было опыта, и сани накренились на повороте.

Le cinghie allentate cedettero e metà del carico si rovesciò sulla neve.

Ослабленные крепления не выдержали, и половина груза вывалилась на снег.

I cani non si fermarono; la slitta più leggera continuò a procedere su un fianco.

Собаки не остановились; более легкие сани полетели на боку.

I cani, furiosi per i maltrattamenti e per il peso del carico, corsero più veloci.

Разозленные оскорблениями и тяжелой ношей, собаки побежали быстрее.

Buck, infuriato, si lanciò a correre, seguito dalla squadra.

Бак в ярости бросился бежать, а вся команда побежала за ним.

Hal urlò "Whoa! Whoa!" ma la squadra non gli prestò attenzione.

Хэл закричал: «Ух ты! Ух ты!», но команда не обратила на него внимания.

Inciampò, cadde e fu trascinato a terra dall'imbracatura.

Он споткнулся, упал, и его протащило по земле за упряжь.

La slitta rovesciata lo travolse mentre i cani continuavano a correre avanti.

Перевернутые сани налетели на него, а собаки мчались вперед.

Il resto delle provviste è sparso lungo la trafficata strada di Skaguay.

Оставшиеся припасы разбросаны по оживленной улице Скагуая.

Le persone di buon cuore si precipitarono a fermare i cani e a raccogliere l'attrezzatura.

Добросердечные люди бросились останавливать собак и собирать снаряжение.

Diedero anche consigli schietti e pratici ai nuovi viaggiatori.

Они также давали новым путешественникам простые и практичные советы.

"Se vuoi raggiungere Dawson, prendi metà del carico e raddoppia i cani."

«Если хочешь добраться до Доусона, возьми половину груза и удвой количество собак».

Hal, Charles e Mercedes ascoltarono, anche se non con entusiasmo.

Хэл, Чарльз и Мерседес слушали, хотя и без энтузиазма.

Montarono la tenda e cominciarono a sistemare le loro provviste.

Они разбили палатку и начали разбирать свои припасы.

Ne uscirono dei cibi in scatola, che fecero ridere a crepapelle gli astanti.

На свет появились консервы, вызвавшие громкий смех у прохожих.

"Roba in scatola sul sentiero? Morirai di fame prima che si sciolga", disse uno.

«Консервы на тропе? Вы умрете с голоду, прежде чем они растают», — сказал один из них.

"Coperte d'albergo? Meglio buttarle via tutte."

«Одеяла в отелях? Лучше их все выкинуть».

"Togli anche la tenda e qui nessuno laverà più i piatti."

«Если убрать палатку, то здесь никто не будет мыть посуду».

"Pensi di viaggiare su un treno Pullman con dei servitori a bordo?"

«Вы думаете, что едете в пульмановском поезде со слугами на борту?»

Il processo ebbe inizio: ogni oggetto inutile venne gettato da parte.

Процесс начался — все ненужные предметы были отброшены в сторону.

Mercedes pianse quando le sue borse furono svuotate sul terreno innevato.

Мерседес плакала, когда ее вещи высыпались на заснеженную землю.

Singhiozzava per ogni oggetto buttato via, uno per uno, senza sosta.

Она рыдала над каждой выброшенной вещью, одну за другой, не останавливаясь.

Giurò di non fare un altro passo, nemmeno per dieci Charles.

Она поклялась не сделать больше ни шагу — даже за десять Чарльзов.

Pregò ogni persona vicina di lasciarle conservare le sue cose preziose.

Она умоляла каждого, кто был рядом, позволить ей оставить себе ее драгоценные вещи.

Alla fine si asciugò gli occhi e cominciò a gettare via anche i vestiti più importanti.

Наконец она вытерла глаза и начала выбрасывать даже самую необходимую одежду.

Una volta terminato il suo, cominciò a svuotare le scorte degli uomini.

Закончив со своими принадлежностями, она принялась опустошать мужские.

Come un turbine, fece a pezzi gli effetti personali di Charles e Hal.

Словно вихрь, она пронеслась через вещи Чарльза и Хэла.

Sebbene il carico fosse dimezzato, era comunque molto più pesante del necessario.

Хотя груз уменьшился вдвое, он все равно был намного тяжелее, чем требовалось.

Quella notte, Charles e Hal uscirono e comprarono sei nuovi cani.

Тем вечером Чарльз и Хэл пошли и купили шесть новых собак.

Questi nuovi cani si unirono ai sei originali, più Teek e Koona.

Эти новые собаки присоединились к первоначальным шести, а также к Тику и Куне.

Insieme formarono una squadra di quattordici cani attaccati alla slitta.

Вместе они составили упряжку из четырнадцати собак, запряженных в сани.

Ma i nuovi cani erano inadatti e poco addestrati per il lavoro con la slitta.

Однако новые собаки оказались непригодными и плохо обученными для работы в упряжке.

Tre dei cani erano cani da caccia a pelo corto, mentre uno era un Terranova.

Три собаки были короткошерстными пойнтерами, а одна — ньюфаундлендом.

Gli ultimi due cani erano meticci senza alcuna razza o scopo ben definito.

Последние две собаки были дворнягами, не имевшими
четкой породы или предназначения.

Non capivano il percorso e non lo imparavano in fretta.

Они не понимали тропу и не могли быстро ее освоить.

**Buck e i suoi compagni li osservavano con disprezzo e
profonda irritazione.**

Бак и его товарищи смотрели на них с презрением и
глубоким раздражением.

**Sebbene Buck insegnasse loro cosa non fare, non poteva
insegnare loro il dovere.**

Хотя Бак учил их, чего не следует делать, он не мог научить
долгу.

**Non amavano la vita sui sentieri né la trazione delle redini e
delle slitte.**

Они не очень хорошо переносили жизнь на тропе, а также
тягу вожжей и саней.

**Soltanto i bastardi cercarono di adattarsi, e anche a loro
mancava lo spirito combattivo.**

Только дворняги пытались приспособиться, но даже у них
не было боевого духа.

**Gli altri cani erano confusi, indeboliti e distrutti dalla loro
nuova vita.**

Остальные собаки были растеряны, ослаблены и сломлены
новой жизнью.

**Con i nuovi cani all'oscuro e i vecchi esausti, la speranza era
flebile.**

Поскольку новые собаки ничего не знали, а старые были
истощены, надежды было мало.

**La squadra di Buck aveva percorso duemilacinquecento
miglia di sentiero accidentato.**

Команда Бака преодолела две с половиной тысячи миль
по суровой дороге.

**Ciononostante, i due uomini erano allegri e orgogliosi della
loro grande squadra di cani.**

Тем не менее, оба мужчины были веселы и гордились
своей большой собачьей упряжкой.

Pensavano di viaggiare con stile, con quattordici cani al seguito.

Они думали, что путешествуют с шиком, взяв с собой четырнадцать собак.

Avevano visto delle slitte partire per Dawson e altre arrivarne.

Они видели, как одни сани отправлялись в Доусон, а другие прибывали оттуда.

Ma non ne avevano mai vista una trainata da ben quattordici cani.

Но никогда они не видели упряжку, которую тянуло бы целых четырнадцать собак.

C'era un motivo per cui squadre del genere erano rare nelle terre selvagge dell'Artico.

Недаром такие команды были редкостью в арктической глуши.

Nessuna slitta poteva trasportare cibo sufficiente a sfamare quattordici cani per l'intero viaggio.

Ни одни сани не могли перевезти достаточно еды, чтобы прокормить четырнадцать собак на протяжении всего путешествия.

Ma Charles e Hal non lo sapevano: avevano fatto i calcoli.

Но Чарльз и Хэл этого не знали — они уже все подсчитали.

Hanno pianificato la razione di cibo: una certa quantità per cane, per un certo numero di giorni, fatta.

Они расписали еду: столько-то на собаку, столько-то дней, готово.

Mercedes guardò i numeri e annuì come se avessero senso.

Мерседес посмотрела на их цифры и кивнула, как будто это имело смысл.

Tutto le sembrava molto semplice, almeno sulla carta.

Ей все казалось очень простым, по крайней мере на бумаге.

La mattina seguente, Buck guidò lentamente la squadra lungo la strada innevata.

На следующее утро Бак медленно повел команду по заснеженной улице.

Non c'era né energia né spirito in lui e nei cani dietro di lui.

Ни у него, ни у собак, стоявших за ним, не было ни энергии, ни духа.

Erano stanchi morti fin dall'inizio: non avevano più riserve.

Они были смертельно уставшими с самого начала — резерва не осталось.

Buck aveva già fatto quattro viaggi tra Salt Water e Dawson.

Бак уже совершил четыре поездки между Солт-Уотером и Доусоном.

Ora, di fronte alla stessa pista, non provava altro che amarezza.

Теперь, снова оказавшись на том же пути, он не чувствовал ничего, кроме горечи.

Il suo cuore non c'era, e nemmeno quello degli altri cani.

Его сердце не лежало к этому, как и сердца других собак.

I nuovi cani erano timidi e gli husky non si fidavano per niente.

Новые собаки были робкими, а лайки не вызывали никакого доверия.

Buck capì che non poteva fare affidamento su quei due uomini o sulla loro sorella.

Бак чувствовал, что не может положиться ни на этих двух мужчин, ни на их сестру.

Non sapevano nulla e non mostravano alcun segno di apprendimento lungo il percorso.

Они ничего не знали и не проявляли никаких признаков обучения на тропе.

Erano disorganizzati e privi di qualsiasi senso di disciplina.

Они были неорганизованны и лишены всякого чувства дисциплины.

Ogni volta impiegavano metà della notte per allestire un accampamento malmesso.

Каждый раз им требовалось полночи, чтобы разбить неряшливый лагерь.

E metà della mattina successiva la trascorsero di nuovo armeggiando con la slitta.

И половину следующего утра они снова провели, возясь с санями.

Spesso a mezzogiorno si fermavano solo per sistemare il carico irregolare.

К полудню они часто останавливались, чтобы просто исправить неравномерность нагрузки.

In alcuni giorni percorsero meno di dieci miglia in totale.

В некоторые дни они проходили в общей сложности менее десяти миль.

Altri giorni non riuscivano proprio ad abbandonare l'accampamento.

В другие дни им вообще не удавалось покинуть лагерь.

Non sono mai riusciti a coprire la distanza alimentare prevista.

Они так и не смогли преодолеть запланированное расстояние по доставке продовольствия.

Come previsto, il cibo per i cani finì molto presto.

Как и ожидалось, у собак очень быстро закончилась еда.

Nei primi tempi hanno peggiorato ulteriormente la situazione con l'eccesso di cibo.

Они усугубили ситуацию перекармливанием в первые дни.

Ciò rendeva la carestia sempre più vicina, con ogni razione disattenta.

С каждой неосторожной пайкой голод приближался.

I nuovi cani non avevano ancora imparato a sopravvivere con molto poco.

Новые собаки не научились выживать, имея очень мало пищи.

Mangiarono avidamente, con un appetito troppo grande per il sentiero.

Они ели жадно, их аппетит был слишком велик для такой тропы.

Vedendo i cani indebolirsi, Hal pensò che il cibo non fosse sufficiente.

Видя, что собаки слабеют, Хэл решил, что еды недостаточно.

Raddoppiò le razioni, peggiorando ulteriormente l'errore.

Он увеличил пайки вдвое, что еще больше усугубило ошибку.

Mercedes aggravò il problema con le sue lacrime e le sue suppliche sommesse.

Мерседес усугубила проблему слезами и тихими мольбами.

Quando non riuscì a convincere Hal, diede da mangiare ai cani di nascosto.

Когда ей не удалось убедить Хэла, она тайно покормила собак.

Rubò il pesce dai sacchi e glielo diede alle spalle.

Она крала рыбу из мешков и отдавала им за его спиной.

Ma ciò di cui i cani avevano veramente bisogno non era altro cibo: era riposo.

Но на самом деле собакам нужна была не еда, а отдых.

Nonostante la loro scarsa velocità, la pesante slitta continuava a procedere.

Они продвигались с трудом, но тяжелые сани все равно тащились.

Quel peso da solo esauriva ogni giorno le loro forze rimanenti.

Этот вес каждый день истощал их оставшиеся силы.

Poi arrivò la fase della sottoalimentazione, quando le scorte scarseggiavano.

Затем наступила стадия недоедания, поскольку запасы истощились.

Una mattina Hal si accorse che metà del cibo per cani era già finito.

Однажды утром Хэл обнаружил, что половина собачьего корма уже закончилась.

Avevano percorso solo un quarto della distanza totale del sentiero.

Они преодолели лишь четверть от общей протяженности маршрута.

Non si poteva più comprare cibo, a qualunque prezzo.

Больше нельзя было купить еду, какую бы цену ни предлагали.

Ridusse le porzioni dei cani al di sotto della razione giornaliera standard.

Он уменьшил порции собак ниже стандартного дневного рациона.

Allo stesso tempo, chiese di viaggiare più a lungo per compensare la perdita.

В то же время он потребовал более длительных путешествий, чтобы компенсировать потери.

Mercedes e Charles appoggiarono questo piano, ma fallirono nella sua realizzazione.

Мерседес и Чарльз поддержали этот план, но реализовать его не удалось.

La loro pesante slitta e la mancanza di abilità rendevano il progresso quasi impossibile.

Тяжёлые сани и отсутствие навыков сделали продвижение вперёд практически невозможным.

Era facile dare meno cibo, ma impossibile forzare uno sforzo maggiore.

Легко было давать меньше еды, но невозможно было заставить прилагать больше усилий.

Non potevano partire prima, né viaggiare per ore extra.

Они не могли ни начать работу раньше, ни путешествовать дольше обычного.

Non sapevano come gestire i cani, e nemmeno loro stessi, a dire il vero.

Они не знали, как работать с собаками, да и с собой тоже.

Il primo cane a morire fu Dub, lo sfortunato ma laborioso ladro.

Первой погибшей собакой был Даб, неудачливый, но трудолюбивый вор.

Sebbene spesso punito, Dub aveva fatto la sua parte senza lamentarsi.

Хотя Даба часто наказывали, он выполнял свою работу без жалоб.

La sua spalla ferita peggiorò se non ricevette cure adeguate e non ebbe bisogno di riposo.

Состояние его травмированного плеча ухудшалось без ухода и необходимости отдыха.

Alla fine, Hal usò la pistola per porre fine alle sofferenze di Dub.

Наконец, Хэл использовал револьвер, чтобы положить конец страданиям Даба.

Un detto comune afferma che i cani normali muoiono se vengono nutriti con razioni di husky.

Распространенная поговорка гласит, что нормальные собаки умирают от хаски.

I sei nuovi compagni di Buck avevano ricevuto solo metà della quota di cibo riservata all'husky.

Шестерым новым товарищам Бака досталась лишь половина порции еды, причитающейся хаски.

Il Terranova morì per primo, seguito dai tre cani da caccia a pelo corto.

Первым погиб ньюфаундленд, затем три короткошерстных пойнтера.

I due bastardi resistettero più a lungo ma alla fine morirono come gli altri.

Две дворняжки продержались дольше, но в конце концов погибли, как и остальные.

Ormai tutti i comfort e la gentilezza del Southland erano scomparsi.

К этому времени все удобства и уют Саутленда исчезли.

Le tre persone avevano perso le ultime tracce della loro educazione civile.

Эти трое людей потеряли последние следы своего цивилизованного воспитания.

Spogliato di glamour e romanticismo, il viaggio nell'Artico è diventato brutalmente reale.

Лишенные гламура и романтики, путешествия по Арктике стали жестоко реальными.

Era una realtà troppo dura per il loro senso di virilità e femminilità.

Это была реальность, слишком суровая для их представлений о мужественности и женственности.

Mercedes non piangeva più per i cani, ma piangeva solo per se stessa.

Мерседес больше не плакала из-за собак, теперь она плакала только из-за себя.

Trascorreva il tempo piangendo e litigando con Hal e Charles.

Она проводила время в слезах и ссорах с Хэлом и Чарльзом.

Litigare era l'unica cosa per cui non si stancavano mai.

Единственное, от чего они никогда не уставали, — это ссоры.

La loro irritabilità derivava dalla miseria, cresceva con essa e la superava.

Их раздражительность возникла из-за несчастья, росла вместе с ним и превосходила его.

La pazienza del cammino, nota a coloro che faticano e soffrono con generosità, non è mai arrivata.

Терпение тропы, знакомое тем, кто трудится и страдает милосердно, так и не наступило.

Quella pazienza che rende dolce la parola nonostante il dolore, era a loro sconosciuta.

Им было неведомо то терпение, которое сохраняет сладость речи, несмотря на боль.

Non avevano alcun briciolo di pazienza, nessuna forza derivante dalla sofferenza con grazia.

У них не было ни капли терпения, ни силы, которую можно было бы почерпнуть из страдания с достоинством.

Erano irrigiditi dal dolore: dolori nei muscoli, nelle ossa e nel cuore.

Они были напряжены от боли — ломоты в мышцах, костях и сердцах.

Per questo motivo, divennero taglienti nella lingua e pronti a pronunciare parole dure.

Из-за этого они стали острыми на язык и скорыми на резкие слова.

Ogni giorno iniziava e finiva con voci arrabbiate e lamentele amare.

Каждый день начинался и заканчивался гневными голосами и горькими жалобами.

Charles e Hal litigavano ogni volta che Mercedes ne dava loro l'occasione.

Чарльз и Хэл ссорились всякий раз, когда Мерседес давала им шанс.

Ogni uomo credeva di aver fatto più del dovuto.

Каждый из них считал, что выполнил больше, чем ему положено, работы.

Nessuno dei due ha mai perso l'occasione di dirlo, ancora e ancora.

Ни один из них не упускал возможности сказать об этом снова и снова.

A volte Mercedes si schierava con Charles, a volte con Hal.

Иногда Мерседес принимала сторону Чарльза, иногда — Хэла.

Ciò portò a una grande e infinita lite tra i tre.

Это привело к большой и бесконечной ссоре между тремя.

La disputa su chi dovesse tagliare la legna da ardere divenne incontrollabile.

Спор о том, кто должен рубить дрова, вышел из-под контроля.

Ben presto vennero nominati padri, madri, cugini e parenti defunti.

Вскоре были названы имена отцов, матерей, двоюродных братьев и сестер, а также умерших родственников.

Le opinioni di Hal sull'arte o sulle opere teatrali di suo zio divennero parte della lotta.

Взгляды Хэла на искусство и пьесы его дяди стали частью борьбы.

Anche le convinzioni politiche di Carlo entrarono nel dibattito.

Политические убеждения Чарльза также стали предметом дебатов.

Per Mercedes, perfino i pettegolezzi della sorella del marito sembravano rilevanti.

Для Мерседес даже сплетни сестры ее мужа казались важными.

Espresse la sua opinione su questo e su molti dei difetti della famiglia di Charles.

Она высказала свое мнение по этому поводу и по поводу многих недостатков семьи Чарльза.

Mentre discutevano, il fuoco rimase spento e l'accampamento mezzo allestito.

Пока они спорили, костер оставался неразведенным, а лагерь наполовину разбитым.

Nel frattempo i cani erano rimasti infreddoliti e senza cibo.

Тем временем собаки оставались холодными и без еды.

Mercedes nutriva un risentimento che considerava profondamente personale.

У Мерседес была обида, которую она считала глубоко личной.

Si sentiva maltrattata in quanto donna e le venivano negati i suoi gentili privilegi.

Она чувствовала, что с ней плохо обращаются как с женщиной, лишают ее привилегий.

Era carina e gentile, e per tutta la vita era stata abituata alla cavalleria.

Она была красивой и нежной и всю жизнь отличалась благородством.

Ma suo marito e suo fratello ora la trattavano con impazienza.

Но теперь ее муж и брат относились к ней с нетерпением.

Aveva l'abitudine di comportarsi in modo impotente e loro cominciarono a lamentarsi.

Она привыкла вести себя беспомощно, и они начали жаловаться.

Offesa da ciò, rese loro la vita ancora più difficile.

Оскорбленная этим, она еще больше усложнила им жизнь.

Ignorò i cani e insistette per guidare lei stessa la slitta.

Она проигнорировала собак и настояла на том, что сама поедет на санях.

Sebbene sembrasse esile, pesava centoventi libbre (circa quaranta chili).

Несмотря на свою легкость, она весила сто двадцать фунтов.

Quel peso aggiuntivo era troppo per i cani affamati e deboli.

Эта дополнительная нагрузка оказалась слишком большой для голодных, слабых собак.

Nonostante ciò, continuò a cavalcare per giorni, finché i cani non crollarono nelle redini.

И все же она ехала несколько дней, пока собаки не рухнули в поводьях.

La slitta si fermò e Charles e Hal la implorarono di proseguire a piedi.

Сани стояли неподвижно, и Чарльз с Хэлом умоляли ее идти пешком.

Loro la implorarono e la scongiurarono, ma lei pianse e li definì crudeli.

Они умоляли и умоляли, но она плакала и называла их жестокими.

In un'occasione, la tirarono giù dalla slitta con pura forza e rabbia.

Однажды они стащили ее с саней, применив силу и гнев.

Dopo quello che accadde quella volta non ci riprovarono più.

После того, что случилось в тот раз, они больше не пытались это сделать.

Si accasciò come una bambina viziata e si sedette nella neve.

Она обмякла, как избалованный ребенок, и села в снег.

Continuarono a muoversi, ma lei si rifiutò di alzarsi o di seguirli.

Они двинулись дальше, но она отказалась встать или последовать за ними.

Dopo tre miglia si fermarono, tornarono indietro e la riportarono indietro.

Через три мили они остановились, вернулись и понесли ее обратно.

La ricaricarono sulla slitta, usando ancora una volta la forza bruta.

Они снова погрузили ее на сани, снова применив грубую силу.

Nella loro profonda miseria, erano insensibili alla sofferenza dei cani.

В своем глубоком горе они были равнодушны к страданиям собак.

Hal credeva che fosse necessario indurirsi e impose questa convinzione agli altri.

Хэл считал, что человек должен стать закаленным, и навязывал эту веру другим.

Inizialmente ha cercato di predicare la sua filosofia a sua sorella

Сначала он попытался проповедовать свою философию сестре.

e poi, senza successo, predicò al cognato.

а затем, безуспешно, он проповедовал своему зятю.

Ebbe più successo con i cani, ma solo perché li ferì.

С собаками он добился большего успеха, но только потому, что причинял им боль.

Da Five Fingers, il cibo per cani è rimasto completamente vuoto.

В Five Fingers полностью закончился корм для собак.

Una vecchia squaw sdentata vendette qualche chilo di pelle di cavallo congelata

Беззубая старая скво продала несколько фунтов замороженной лошадиной шкуры

Hal scambiò la sua pistola con la pelle di cavallo secca.

Хэл обменял свой револьвер на высушенную конскую шкуру.

La carne proveniva dai cavalli affamati di allevatori di bovini, morti mesi prima.

Мясо было получено от истощенных лошадей скотоводов несколько месяцев назад.

Congelata, la pelle era come ferro zincato: dura e immangiabile.

Замороженная шкура была похожа на оцинкованное железо: жесткая и несъедобная.

Per riuscire a mangiarla, i cani dovevano masticare la pelle senza sosta.

Собакам приходилось бесконечно жевать шкуру, чтобы съесть ее.

Ma le corde coriacee e i peli corti non erano certo un nutrimento.

Но кожистые нити и короткие волосы вряд ли можно считать пищей.

La maggior parte della pelle era irritante e non era cibo in senso stretto.

Большая часть шкуры была раздражающей и не являлась едой в прямом смысле этого слова.

E nonostante tutto, Buck barcollava davanti a tutti, come in un incubo.

И все это время Бак шатался впереди, как в кошмарном сне.

Quando poteva, tirava; quando non poteva, restava lì finché non veniva sollevato dalla frusta o dal bastone.

Когда он мог, он тянул; когда нет, он лежал, пока его не поднимали кнутом или дубинкой.

Il suo pelo fine e lucido aveva perso tutta la rigidità e la lucentezza di un tempo.

Его прекрасная, блестящая шерсть утратила всю свою прежнюю жесткость и блеск.

I suoi capelli erano flosci, spettinati e pieni di sangue rappreso a causa dei colpi.

Его волосы висели небрежно, спутались и были покрыты запекшейся кровью от ударов.

I suoi muscoli si ridussero a midolli e i cuscinetti di carne erano tutti consumati.

Его мышцы превратились в канаты, а все подушечки его плоти стерлись.

Ogni costola, ogni osso erano chiaramente visibili attraverso le pieghe della pelle rugosa.

Каждое ребро, каждая кость отчетливо просматривались сквозь складки морщинистой кожи.

Fu straziante, ma il cuore di Buck non riuscì a spezzarsi.

Это было душераздирающе, но сердце Бака не могло разбиться.

L'uomo con il maglione rosso lo aveva testato e dimostrato molto tempo prima.

Человек в красном свитере уже давно это проверил и доказал.

Così come accadde a Buck, accadde anche a tutti i suoi compagni di squadra rimasti.

Как это было с Баком, так было и со всеми его оставшимися товарищами по команде.

Ce n'erano sette in totale, ognuno uno scheletro ambulante di miseria.

Всего их было семеро, и каждый из них был ходячим скелетом страдания.

Erano diventati insensibili alle fruste e sentivano solo un dolore distante.

Они онемели от ударов плетью, чувствуя лишь далекую боль.

Anche la vista e i suoni li raggiungevano debolmente, come attraverso una fitta nebbia.

Даже зрение и слух доходили до них смутно, словно сквозь густой туман.

Non erano mezzi vivi: erano ossa con deboli scintille al loro interno.

Они не были полуживыми — это были кости с тусклыми искрами внутри.

Una volta fermati, crollarono come cadaveri, con le scintille quasi del tutto spente.

Когда их остановили, они рухнули, как трупы, их искры почти погасли.

E quando la frusta o il bastone colpivano di nuovo, le scintille sfarfallavano debolmente.

И когда кнут или дубинка ударяли снова, искры слабо трепетали.

Poi si alzarono, barcollarono in avanti e trascinarono le loro membra in avanti.

Затем они поднялись, пошатнулись и потащили вперед свои конечности.

Un giorno il gentile Billee cadde e non riuscì più a rialzarsi.

Однажды добрый Билли упал и больше не мог подняться.

Hal aveva scambiato la sua pistola con quella di Billee, così decise di ucciderla con un'ascia.

Хэл обменял свой револьвер, поэтому вместо этого он использовал топор, чтобы убить Билли.

Lo colpì alla testa, poi gli tagliò il corpo e lo trascinò via.

Он ударил его по голове, затем освободил его тело и потащил прочь.

Buck se ne accorse, e così fecero anche gli altri: sapevano che la morte era vicina.

Бак увидел это, как и остальные; они знали, что смерть близка.

Il giorno dopo Koona se ne andò, lasciando solo cinque cani nel gruppo affamato.

На следующий день Куна уехал, оставив в голодной команде всего пять собак.

Joe, non più cattivo, era ormai troppo fuori di sé per rendersi conto di nulla.

Джо, больше не злой, зашел слишком далеко, чтобы вообще что-либо осознавать.

Pike, ormai non fingeva più di essere ferito, era appena cosciente.

Пайк, больше не притворявшийся, что получил травму, едва был в сознании.

Solleks, ancora fedele, si rammaricava di non avere più la forza di dare.

Соллекс, все еще верный, горевал, что у него нет сил, чтобы отдать.

Teek fu battuto più di tutti perché era più fresco, ma stava calando rapidamente.

Тик проиграл больше всех, потому что был свежее, но быстро терял форму.

E Buck, ancora in testa, non mantenne più l'ordine né lo fece rispettare.

А Бак, все еще остававшийся лидером, больше не поддерживал порядок и не обеспечивал его.

Mezzo accecato dalla debolezza, Buck seguì la pista solo a tentoni.

Бак, наполовину ослепший от слабости, пошел по следу на ощупь.

Era una bellissima primavera, ma nessuno di loro se ne accorse.

Стояла прекрасная весенняя погода, но никто из них этого не замечал.

Ogni giorno il sole sorgeva prima e tramontava più tardi.

Каждый день солнце вставало раньше и садилось позже, чем прежде.

Alle tre del mattino era già spuntata l'alba; il crepuscolo durò fino alle nove.

К трем часам утра наступил рассвет; сумерки продолжались до девяти.

Le lunghe giornate erano illuminate dal sole primaverile.

Долгие дни были наполнены ярким весенним солнцем.

Il silenzio spettrale dell'inverno si era trasformato in un caldo mormorio.

Призрачная тишина зимы сменилась теплым шепотом.

Tutta la terra si stava svegliando, animata dalla gioia degli esseri viventi.

Вся земля просыпалась, полная радости жизни.

Il suono proveniva da ciò che era rimasto morto e immobile per tutto l'inverno.

Звук исходил от того, что лежало мертвым и неподвижным всю зиму.

Ora quelle cose si mossero di nuovo, scrollandosi di dosso il lungo sonno del gelo.

Теперь эти твари снова зашевелились, стряхивая с себя долгий морозный сон.

La linfa saliva attraverso i tronchi scuri dei pini in attesa.

Сок поднимался по темным стволам ожидающих сосен.

Salici e pioppi tremuli fanno sbocciare giovani gemme luminose su ogni ramoscello.

На каждой веточке ив и осин распускаются яркие молодые почки.

Arbusti e viti si tingono di un verde fresco mentre il bosco si anima.

Лес оживает, кустарники и виноградные лозы зеленеют.

Di notte i grilli cantavano e di giorno gli insetti strisciavano nella luce del sole.

Ночью стрекотали сверчки, а днем на солнце ползали насекомые.

Le pernici gridavano e i picchi picchiavano in profondità tra gli alberi.

Куропатки кричали, а дятлы стучали глубоко в деревьях.

Gli scoiattoli chiacchieravano, gli uccelli cantavano e le oche starnazzavano per richiamare l'attenzione dei cani.

Белки болтали, птицы пели, а гуси кричали над собаками.

Gli uccelli selvatici arrivavano a cunei affilati, volando in alto da sud.

Дичь прилетела острыми клиньями с юга.

Da ogni pendio giungeva la musica di ruscelli nascosti e impetuosi.

Со всех склонов холмов доносилась музыка скрытых, бурных ручьев.

Tutto si scongelava e si spezzava, si piegava e ricominciava a muoversi.

Все оттаяло и сломалось, согнулось и снова пришло в движение.

Lo Yukon si sforzò di spezzare le fredde catene del ghiaccio ghiacciato.

Юкон изо всех сил пытался разорвать холодные цепи замерзшего льда.

Il ghiaccio si scioglieva sotto, mentre il sole lo scioglieva dall'alto.

Лед таял снизу, а солнце плавило его сверху.

Si aprirono dei buchi, si allargarono delle crepe e dei pezzi caddero nel fiume.

Открылись воздушные отверстия, появились трещины, и куски породы упали в реку.

In mezzo a tutta questa vita sfrenata e sfrenata, i viaggiatori barcollavano.

Среди всей этой бурлящей и пылающей жизни путники шатались.

Due uomini, una donna e un branco di husky camminavano come morti.

Двое мужчин, женщина и стая хаски шли как мертвые.

I cani cadevano, Mercedes piangeva, ma continuava a guidare la slitta.

Собаки падали, Мерседес плакала, но все равно ехала в санях.

Hal imprecò debolmente e Charles sbatté le palpebre con gli occhi lacrimanti.

Хэл слабо выругался, а Чарльз моргнул сквозь слезящиеся глаза.

Si imbatterono nell'accampamento di John Thornton, nei pressi della foce del White River.

Они наткнулись на лагерь Джона Торнтона у устья реки Уайт.

Quando si fermarono, i cani caddero a terra, come se fossero stati tutti colpiti a morte.

Когда они остановились, собаки упали на землю, как будто все они были поражены смертью.

Mercedes si asciugò le lacrime e guardò John Thornton.

Мерседес вытерла слезы и посмотрела на Джона Торнтона.

Charles si sedette su un tronco, lentamente e rigidamente, dolorante per il sentiero.

Чарльз сидел на бревне, медленно и неподвижно, испытывая боль от долгой дороги.

Hal parlava mentre Thornton intagliava l'estremità del manico di un'ascia.

Хэл говорил, пока Торнтон вырезал конец топора.

Tagliò il legno di betulla e rispose con frasi brevi e decise.

Он строгал березовые дрова и отвечал краткими, но твёрдыми ответами.

Quando gli veniva chiesto, dava un consiglio, certo che non sarebbe stato seguito.

Когда его об этом спросили, он дал совет, будучи уверенным, что ему не последуют.

Hal spiegò: "Ci avevano detto che il ghiaccio lungo la pista si stava staccando".

Хэл объяснил: «Они сказали нам, что лед на тропе тает».

"Ci avevano detto che dovevamo restare fermi, ma siamo arrivati a White River."

«Они сказали, что нам следует оставаться на месте, но мы добрались до Уайт-Ривер».

Concluse con un tono beffardo, come per cantare vittoria nelle difficoltà.

Он закончил насмешливым тоном, как будто хотел провозгласить победу в невзгодах.

"E ti hanno detto la verità", rispose John Thornton a bassa voce ad Hal.

«И они сказали тебе правду», — тихо ответил Хэлу Джон Торнтон.

"Il ghiaccio potrebbe cedere da un momento all'altro: è pronto a staccarsi."

«Лед может рухнуть в любой момент — он готов упасть».

"Solo la fortuna cieca e gli sciocchi avrebbero potuto arrivare vivi fin qui."

«Только слепая удача и дураки могли добраться до этого места живыми».

"Te lo dico senza mezzi termini: non rischierei la vita per tutto l'oro dell'Alaska."

«Я вам прямо говорю, я бы не рискнул своей жизнью даже за все золото Аляски».

"Immagino che tu non sia uno stupido", rispose Hal.

«Это потому, что ты не дурак, я полагаю», — ответил Хэл.

"Comunque, andiamo avanti con Dawson." Srotolò la frusta.

«Тем не менее, мы поедем в Доусон». Он развернул хлыст.

"Sali, Buck! Ehi! Alzati! Forza!" urlò con voce roca.

«Вставай, Бак! Эй! Вставай! Вперед!» — крикнул он резко.

Thornton continuò a intagliare, sapendo che gli sciocchi non volevano sentire ragioni.

Торнтон продолжал строгать, зная, что дураки не станут слушать доводы разума.

Fermare uno stupido era inutile, e due o tre stupidi non cambiavano nulla.

Останавливать дурака было бесполезно, а двое или трое одураченных ничего не изменяли.

Ma la squadra non si mosse al suono del comando di Hal.

Но команда не двинулась с места по команде Хэла.

Ormai solo i colpi potevano farli sollevare e avanzare.

Теперь только удары могли заставить их подняться и двинуться вперед.

La frusta schioccava ripetutamente sui cani indeboliti.

Кнут снова и снова хлестал по ослабевшим собакам.

John Thornton strinse forte le labbra e osservò in silenzio.

Джон Торнтон крепко сжал губы и молча наблюдал.

Solleks fu il primo a rialzarsi sotto la frusta.

Первым под плетью поднялся на ноги Соллекс.

Poi Teek lo seguì, tremando. Joe urlò mentre barcollava.

Затем Тик последовал за ним, дрожа. Джо вскрикнул, спотыкаясь.

Pike cercò di alzarsi, fallì due volte, poi alla fine si rialzò barcollando.

Пайк попытался подняться, дважды потерпел неудачу и, наконец, встал, пошатнувшись.

Ma Buck rimase lì dov'era caduto, senza muoversi affatto.

Но Бак лежал там, где упал, и все это время не двигался.

La frusta lo colpì più volte, ma lui non emise alcun suono.

Кнут хлестал его снова и снова, но он не издавал ни звука.

Lui non sussultò né oppose resistenza, rimase semplicemente immobile e in silenzio.

Он не дрогнул и не сопротивлялся, просто оставался неподвижным и тихим.

Thornton si mosse più di una volta, come per dire qualcosa, ma non lo fece.

Торнтон несколько раз пошевелился, как будто собираясь что-то сказать, но не сказал.

I suoi occhi si inumidirono, ma la frusta continuava a schioccare contro Buck.

Глаза его увлажнились, а кнут продолжал хлестать Бэка.

Alla fine Thornton cominciò a camminare lentamente, incerto sul da farsi.

Наконец Торнтон начал медленно ходить, не зная, что делать.

Era la prima volta che Buck falliva e Hal si infuriò.

Это был первый раз, когда Бак потерпел неудачу, и Хэл пришел в ярость.

Gettò via la frusta e prese al suo posto il pesante manganello.

Он бросил кнут и вместо него поднял тяжелую дубинку.

La mazza di legno colpì con violenza, ma Buck non si alzò per muoversi.

Деревянная дубинка с силой опустилась, но Бак все еще не двинулся с места.

Come i suoi compagni di squadra, era troppo debole, ma non solo.

Как и его товарищи по команде, он был слишком слаб, но дело было не только в этом.

Buck aveva deciso di non muoversi, qualunque cosa accadesse.

Бак решил не двигаться с места, что бы ни случилось дальше.

Sentì qualcosa di oscuro e sicuro incombere proprio davanti a sé.

Он чувствовал, как что-то темное и определенное парит прямо впереди.

Quel terrore lo aveva colto non appena aveva raggiunto la riva del fiume.

Этот страх охватил его, как только он достиг берега реки.

Quella sensazione non lo aveva abbandonato da quando aveva sentito il ghiaccio assottigliarsi sotto le zampe.

Это чувство не покидало его с тех пор, как он почувствовал, что лед под его лапами стал тонким.

Qualcosa di terribile lo stava aspettando: lo sentiva proprio lungo il sentiero.

Что-то ужасное ждало его — он чувствовал это где-то далеко, на тропе.

Non avrebbe camminato verso quella cosa terribile davanti a lui

Он не собирался идти навстречу тому ужасному, что было впереди.

Non avrebbe obbedito a nessun ordine che lo avrebbe condotto a quella cosa.

Он не собирался подчиняться никакому приказу, который бы привел его к этому.

Ormai il dolore dei colpi non lo sfiorava più: era troppo stanco.

Боль от ударов теперь почти не затрагивала его — он был слишком слаб.

La scintilla della vita tremolava lentamente, affievolita da ogni colpo crudele.

Искра жизни мерцала слабо, тускнея под каждым жестоким ударом.

Gli arti gli sembravano distanti; tutto il corpo sembrava appartenere a un altro.

Его конечности казались далекими; все его тело, казалось, принадлежало кому-то другому.

Sentì uno strano torpore mentre il dolore scompariva completamente.

Он почувствовал странное онемение, когда боль полностью утихла.

Da lontano, sentiva che lo stavano picchiando, ma non se ne rendeva conto.

Издалека он чувствовал, что его бьют, но едва ли осознавал это.

Poteva udire debolmente i tonfi, ma ormai non gli facevano più male.

Он слышал слабые удары, но они уже не причиняли ему особой боли.

I colpi andarono a segno, ma il suo corpo non sembrava più il suo.

Удары достигали цели, но его тело больше не казалось ему собственным.

Poi, all'improvviso, senza alcun preavviso, John Thornton lanciò un grido selvaggio.

И вдруг, без всякого предупреждения, Джон Торнтон издал дикий крик.

Era inarticolato, più il grido di una bestia che di un uomo.

Это был нечленораздельный крик, больше похожий на крик зверя, чем на крик человека.

Si lanciò sull'uomo con la mazza e fece cadere Hal all'indietro.

Он прыгнул на человека с дубинкой и отбросил Хэла назад.

Hal volò come se fosse stato colpito da un albero, atterrando pesantemente al suolo.

Хэл отлетел, словно его ударило дерево, и тяжело приземлился на землю.

Mercedes urlò a gran voce in preda al panico e si portò le mani al viso.

Мерседес в панике громко закричала и схватилась за лицо.

Charles si limitò a guardare, si asciugò gli occhi e rimase seduto.

Чарльз только посмотрел, вытер глаза и остался сидеть.

Il suo corpo era troppo irrigidito dal dolore per alzarsi o contribuire alla lotta.

Его тело было слишком окоченевшим от боли, чтобы подняться или помочь в борьбе.

Thornton era in piedi davanti a Buck, tremante di rabbia, incapace di parlare.

Торнтон стоял над Баком, дрожа от ярости и не в силах вымолвить ни слова.

Tremava di rabbia e lottò per trovare la voce.

Он дрожал от ярости и пытался найти в себе силы обрести голос.

"Se colpisci ancora quel cane, ti uccido", disse infine.

«Если ты еще раз ударишь эту собаку, я тебя убью», — наконец сказал он.

Hal si asciugò il sangue dalla bocca e tornò avanti.

Хэл вытер кровь со рта и снова вышел вперед.

"È il mio cane", borbottò. "Togliti di mezzo o ti sistemo io."

«Это моя собака, — пробормотал он. — Уйди с дороги, или я тебя вылечу».

"Vado da Dawson e tu non mi fermerai", ha aggiunto.

«Я поеду в Доусон, и вы меня не остановите», — добавил он.

Thornton si fermò tra Buck e il giovane arrabbiato.

Торнтон твердо стоял между Баком и разгневанным молодым человеком.

Non aveva alcuna intenzione di farsi da parte o di lasciar passare Hal.

Он не собирался отходить в сторону или пропускать Хэла.

Hal tirò fuori il suo coltello da caccia, lungo e pericoloso nella sua mano.

Хэл вытащил свой охотничий нож, длинный и опасный в руке.

Mercedes urlò, poi pianse, poi rise in preda a un'isteria selvaggia.

Мерседес закричала, потом заплакала, а потом рассмеялась в дикой истерике.

Thornton colpì la mano di Hal con il manico dell'ascia, con forza e rapidità.

Торнтон резко и быстро ударил Хэла по руке рукояткой топора.

Il coltello si liberò dalla presa di Hal e volò a terra.

Нож выскользнул из рук Хэла и полетел на землю.

Hal cercò di raccogliere il coltello, ma Thornton gli batté di nuovo le nocche.

Хэл попытался поднять нож, но Торнтон снова постучал ему по костяшкам пальцев.

Poi Thornton si chinò, afferrò il coltello e lo tenne fermo.

Затем Торнтон наклонился, схватил нож и задержал его.

Con due rapidi colpi del manico dell'ascia, tagliò le redini di Buck.

Двумя быстрыми ударами топора он перерезал поводья Бэка.

Hal non aveva più voglia di combattere e si allontanò dal cane.

У Хэла не осталось сил бороться, и он отступил от собаки.

Inoltre, ora Mercedes aveva bisogno di entrambe le braccia per restare in piedi.

Кроме того, теперь Мерседес нужны были обе руки, чтобы удерживаться в вертикальном положении.

Buck era troppo vicino alla morte per poter nuovamente tirare la slitta.

Бэк был слишком близок к смерти, чтобы снова пригодиться для того, чтобы тянуть сани.

Pochi minuti dopo, ripartirono, dirigendosi verso il fiume.

Через несколько минут они отчалили и направились вниз по реке.

Buck sollevò debolmente la testa e li guardò lasciare la banca.

Бак слабо поднял голову и смотрел, как они покидают банк.

Pike guidava la squadra, con Solleks dietro al volante.

Пайк возглавлял команду, а Соллекс замыкал гонку на позиции рулевого.

Joe e Teek camminavano in mezzo, zoppicando entrambi per la stanchezza.

Джо и Тик шли между ними, оба хромая от усталости.

Mercedes si sedette sulla slitta e Hal afferrò la lunga pertica.

Мерседес села на сани, а Хэл схватился за длинную стойку.

Charles barcollava dietro di lui, con passi goffi e incerti.

Чарльз спотыкался, его шаги были неуклюжими и неуверенными.

Thornton si inginocchiò accanto a Buck e tastò delicatamente per vedere se aveva ossa rotte.

Торнтон опустился на колени рядом с Баком и осторожно ощупал сломанные кости.

Le sue mani erano ruvide, ma si muovevano con gentilezza e cura.

Его руки были грубыми, но двигались с добротой и заботой.

Il corpo di Buck era pieno di lividi, ma non presentava lesioni permanenti.

Тело Бака было покрыто синяками, но серьезных повреждений не наблюдалось.

Ciò che restava era una fame terribile e una debolezza quasi totale.

Остались лишь ужасный голод и почти полная слабость.

Quando la situazione fu più chiara, la slitta era già andata molto a valle.

К тому времени, как это стало ясно, сани уже ушли далеко вниз по реке.

L'uomo e il cane osservavano la slitta avanzare lentamente sul ghiaccio che si rompeva.

Человек и собака наблюдали, как сани медленно ползут по трескающемуся льду.

Poi videro la slitta sprofondare in una cavità.

Затем они увидели, как сани провалились в низину.

La pertica volò in alto, ma Hal vi si aggrappò ancora invano.

Стойка взлетела, а Хэл все еще тщетно пытался за нее ухватиться.

L'urlo di Mercedes li raggiunse attraverso la fredda distanza.

Крик Мерседес донесся до них сквозь холодное расстояние.

Charles si voltò e fece un passo indietro, ma era troppo tardi.

Чарльз повернулся и отступил назад, но было слишком поздно.

Un'intera calotta di ghiaccio cedette e tutti precipitarono.

Целый ледяной покров рухнул, и все они провалились под него.

Cani, slitte e persone scomparvero nelle acque nere
sottostanti.

Собаки, сани и люди исчезли в черной воде внизу.

Nel punto in cui erano passati era rimasto solo un largo buco
nel ghiaccio.

На месте их движения осталась лишь широкая прорубь во
льду.

Il fondo del sentiero era crollato, proprio come aveva
previsto Thornton.

Дно тропы обрывалось — как и предупреждал Торнтон.

Thornton e Buck si guardarono l'un l'altro, in silenzio per un
momento.

Торнтон и Бак посмотрели друг на друга и на мгновение
замолчали.

"Povero diavolo", disse Thornton dolcemente, e Buck gli
leccò la mano.

«Ты бедняга», — тихо сказал Торнтон, и Бак лизнул его
руку.

Per amore di un uomo
Ради любви к человеку

John Thornton si congelò i piedi per il freddo del dicembre precedente.

Джон Торнтон обморозил ноги в холодный декабрь прошлого года.

I suoi compagni lo fecero sentire a suo agio e lo lasciarono guarire da solo.

Его партнеры обеспечили ему комфорт и оставили его восстанавливаться в одиночестве.

Risalirono il fiume per raccogliere una zattera di tronchi da sega per Dawson.

Они поднялись по реке, чтобы собрать плот из пиловочных бревен для Доусона.

Zoppicava ancora leggermente quando salvò Buck dalla morte.

Он все еще слегка хромал, когда спас Бака от смерти.

Ma con il persistere del caldo, anche quella zoppia è scomparsa.

Но с сохранением теплой погоды даже эта хромота исчезла.

Sdraiato sulla riva del fiume durante le lunghe giornate primaverili, Buck si riposò.

Долгими весенними днями Бак отдыхал, лежа на берегу реки.

Osservava l'acqua che scorreva e ascoltava gli uccelli e gli insetti.

Он наблюдал за текущей водой и слушал птиц и насекомых.

Lentamente Buck riacquistò le forze sotto il sole e il cielo.

Постепенно Бак восстановил свои силы под солнцем и небом.

Dopo aver viaggiato tremila miglia, riposarsi è stato meraviglioso.

Отдых после путешествия в три тысячи миль был замечательным.

Buck diventò pigro man mano che le sue ferite guarivano e il suo corpo si riempiva.

По мере того, как его раны заживали, а тело наполнялось, Бак становился ленивым.

I suoi muscoli si rassodarono e la carne tornò a ricoprire le sue ossa.

Его мышцы окрепли, а кости снова покрылись плотью.

Stavano tutti riposando: Buck, Thornton, Skeet e Nig.

Они все отдыхали — Бак, Торнтон, Скит и Ниг.

Aspettarono la zattera che li avrebbe portati a Dawson.

Они ждали плот, который должен был доставить их в Доусон.

Skeet era un piccolo setter irlandese che fece amicizia con Buck.

Скит был маленьким ирландским сеттером, который подружился с Баком.

Buck era troppo debole e malato per resisterle al loro primo incontro.

Бак был слишком слаб и болен, чтобы оказать ей сопротивление при их первой встрече.

Skeet aveva la caratteristica di guaritore che alcuni cani possiedono per natura.

У Скита была черта целителя, присущая некоторым собакам от природы.

Come una gatta, leccò e pulì le ferite aperte di Buck.

Подобно кошке-матери, она вылизывала и промывала раны Бака.

Ogni mattina, dopo colazione, ripeteva il suo attento lavoro.

Каждое утро после завтрака она повторяла свою кропотливую работу.

Buck finì per aspettarsi il suo aiuto tanto quanto quello di Thornton.

Бак рассчитывал на ее помощь так же, как и на помощь Торнтона.

Anche Nig era amichevole, ma meno aperto e meno affettuoso.

Ниг тоже был дружелюбен, но менее открыт и менее ласков.

Nig era un grosso cane nero, in parte segugio e in parte levriero.

Ниг был большой черной собакой, наполовину ищейкой, наполовину дирхаундом.

Aveva occhi sorridenti e un'infinita bontà d'animo.

У него были смеющиеся глаза и бесконечное добродушие.

Con sorpresa di Buck, nessuno dei due cani mostrò gelosia nei suoi confronti.

К удивлению Бака, ни одна из собак не проявила к нему ревности.

Sia Skeet che Nig condividevano la gentilezza di John Thornton.

И Скит, и Ниг разделяли доброту Джона Торнтона.

Man mano che Buck diventava più forte, lo attiravano in stupidi giochi da cani.

Когда Бак окреп, они вовлекли его в глупые собачьи игры.

Anche Thornton giocava spesso con loro, incapace di resistere alla loro gioia.

Торнтон тоже часто играл с ними, не в силах устоять перед их радостью.

In questo modo giocoso, Buck passò dalla malattia a una nuova vita.

Таким образом, играя, Бак перешел от болезни к новой жизни.

L'amore, quello vero, ardente e passionale, era finalmente suo.

Любовь — настоящая, пылкая и страстная любовь — наконец-то досталась ему.

Non aveva mai conosciuto questo tipo di amore nella tenuta di Miller.

Он никогда не знал такой любви в поместье Миллера.

Con i figli del giudice aveva condiviso lavoro e avventure.

С сыновьями судьи он делил работу и приключения.

Nei nipoti notò un orgoglio rigido e vanitoso.

У внуков он видел наглую и хвастливую гордость.

Con lo stesso giudice Miller aveva un rapporto di rispettosa amicizia.

С самим судьей Миллером у него были уважительные дружеские отношения.

Ma l'amore che era fuoco, follia e adorazione era ciò che accadeva con Thornton.

Но любовь, которая была огнем, безумием и поклонением, пришла с Торнтоном.

Quest'uomo aveva salvato la vita di Buck, e questo di per sé significava molto.

Этот человек спас жизнь Бак, и одно это уже имело огромное значение.

Ma più di questo, John Thornton era il tipo ideale di maestro.

Но, что еще важнее, Джон Торнтон был идеальным мастером.

Altri uomini si prendevano cura dei cani per dovere o per necessità lavorative.

Другие мужчины заботились о собаках из-за служебных обязанностей или деловой необходимости.

John Thornton si prendeva cura dei suoi cani come se fossero figli.

Джон Торнтон заботился о своих собаках, как будто они были его детьми.

Si prendeva cura di loro perché li amava e semplicemente non poteva farne a meno.

Он заботился о них, потому что любил их и просто не мог с собой ничего поделать.

John Thornton vide molto più lontano di quanto la maggior parte degli uomini riuscisse mai a vedere.

Джон Торнтон видел даже дальше, чем когда-либо удавалось увидеть большинству людей.

Non dimenticava mai di salutarli gentilmente o di pronunciare una parola di incoraggiamento.

Он никогда не забывал поприветствовать их или сказать им ободряющее слово.

Amava sedersi con i cani per fare lunghe chiacchierate, o "gassy", come diceva lui.

Он любил сидеть с собаками и долго беседовать, или «газировать», как он говорил.

Gli piaceva afferrare bruscamente la testa di Buck tra le sue mani forti.

Ему нравилось грубо сжимать голову Бака своими сильными руками.

Poi appoggiò la testa contro quella di Buck e lo scosse delicatamente.

Затем он прислонил свою голову к голове Бака и легонько потряс его.

Nel frattempo, chiamava Buck con nomi volgari che per lui significavano affetto.

Все это время он называл Бака грубыми словами, которые означали для него любовь.

Per Buck, quell'abbraccio rude e quelle parole portarono una gioia profonda.

Для Бак эти грубые объятия и эти слова принесли глубокую радость.

A ogni movimento il suo cuore sembrava sussultare di felicità.

Казалось, его сердце сотрясалось от счастья при каждом движении.

Quando poi balzò in piedi, la sua bocca sembrava ridere.

Когда он вскочил, его рот выглядел так, будто он смеялся.

I suoi occhi brillavano intensamente e la sua gola tremava per una gioia inespressa.

Глаза его ярко сияли, а горло дрожало от невысказанной радости.

Il suo sorriso rimase immobile in quello stato di emozione e affetto ardente.

Его улыбка застыла в этом состоянии эмоций и сияющей привязанности.

Allora Thornton esclamò pensieroso: "Dio! Riesce quasi a parlare!"

Затем Торнтон задумчиво воскликнул: «Боже! Он почти может говорить!»

Buck aveva uno strano modo di esprimere l'amore che quasi gli causava dolore.

У Бака был странный способ выражать любовь, который едва не причинял боль.

Spesso stringeva forte la mano di Thornton tra i denti.

Он часто очень крепко сжимал зубами руку Торнтона.

Il morso avrebbe lasciato segni profondi che sarebbero rimasti per qualche tempo.

Укус должен был оставить глубокие следы, которые сохранялись еще некоторое время.

Buck credeva che quei giuramenti fossero amore, e Thornton la pensava allo stesso modo.

Бак верил, что эти клятвы были любовью, и Торнтон знал то же самое.

Il più delle volte, l'amore di Buck si manifestava in un'adorazione silenziosa, quasi silenziosa.

Чаще всего любовь Бака проявлялась в тихом, почти безмолвном обожании.

Sebbene fosse emozionato quando veniva toccato o gli si parlava, non cercava attenzione.

Хотя он и радовался, когда к нему прикасались или говорили, он не искал внимания.

Skeet spinse il naso sotto la mano di Thornton finché lui non la accarezzò.

Скит ткнула носом в руку Торнтона, пока он не погладил ее.

Nig si avvicinò silenziosamente e appoggiò la sua grande testa sulle ginocchia di Thornton.

Ниг тихо подошел и положил свою большую голову на колено Торнтона.

Buck, al contrario, si accontentava di amare da una rispettosa distanza.

Бак, напротив, довольствовался любовью на почтительном расстоянии.

Rimase sdraiato per ore ai piedi di Thornton, vigile e attento.

Он часами лежал у ног Торнтона, настороженно и внимательно наблюдая.

Buck studiò ogni dettaglio del volto del suo padrone, perfino il più piccolo movimento.

Бэк изучал каждую деталь лица своего хозяина и малейшее движение.

Oppure sdraiati più lontano, studiando in silenzio la sagoma dell'uomo.

Или лежала подальше, молча изучая очертания мужчины.

Buck osservava ogni piccolo movimento, ogni cambiamento di postura o di gesto.

Бак следил за каждым маленьким движением, за каждым изменением позы или жеста.

Questo legame era così potente che spesso catturava lo sguardo di Thornton.

Эта связь была настолько сильной, что часто приковывала к себе взгляд Торнтона.

Incontrò lo sguardo di Buck senza dire parole, e il suo amore traspariva chiaramente.

Он молча встретился взглядом с Баком, в котором ясно читалась любовь.

Per molto tempo dopo essere stato salvato, Buck non perse mai di vista Thornton.

После своего спасения Бак долгое время не выпускал Торнтона из виду.

Ogni volta che Thornton usciva dalla tenda, Buck lo seguiva da vicino all'esterno.

Всякий раз, когда Торнтон выходил из палатки, Бак следовал за ним по пятам.

Tutti i severi padroni delle Terre del Nord avevano fatto sì che Buck non riuscisse più a fidarsi.

Все суровые хозяева Севера заставили Бэка бояться доверять.

Temeva che nessun uomo potesse restare suo padrone se non per un breve periodo.

Он боялся, что ни один человек не сможет оставаться его хозяином дольше короткого времени.

Temeva che John Thornton sarebbe scomparso come Perrault e François.

Он боялся, что Джон Торнтон исчезнет, как Перро и Франсуа.

Anche di notte, la paura di perderlo tormentava il sonno agitato di Buck.

Даже ночью страх потерять его преследовал беспокойный сон Бака.

Quando Buck si svegliò, si trascinò fuori al freddo e andò nella tenda.

Когда Бак проснулся, он выполз на холод и пошёл в палатку.

Ascoltò attentamente il leggero suono del suo respiro interiore.

Он внимательно прислушивался к тихому звуку дыхания внутри.

Nonostante il profondo amore di Buck per John Thornton, la natura selvaggia sopravvisse.

Несмотря на глубокую любовь Бака к Джону Торнтону, дикая природа осталась жива.

Quell'istinto primitivo, risvegliatosi nel Nord, non scomparve.

Этот первобытный инстинкт, пробудившийся на Севере, не исчез.

L'amore portava devozione, lealtà e il caldo legame attorno al fuoco.

Любовь принесла с собой преданность, верность и теплые узы, которые дарил нам домашний очаг.

Ma Buck mantenne anche i suoi istinti selvaggi, acuti e sempre all'erta.

Но Бак сохранил свои дикие инстинкты, острые и всегда бдительные.

Non era solo un animale domestico addomesticato proveniente dalle dolci terre della civiltà.

Он был не просто прирученным питомцем из мягких краев цивилизации.

Buck era un essere selvaggio che si era seduto accanto al fuoco di Thornton.

Бак был диким существом, пришедшим посидеть у огня Торнтона.

Sembrava un cane del Southland, ma in lui albergava la natura selvaggia.

Он был похож на собаку из Саутленда, но в нем жила дикость.

Il suo amore per Thornton era troppo grande per permettersi un furto da parte di quell'uomo.

Его любовь к Торнтону была слишком велика, чтобы позволить этому человеку что-то украсть.

Ma in qualsiasi altro campo ruberebbe con audacia e senza esitazione.

Но в любом другом лагере он воровал бы смело и без промедления.

Era così abile nel rubare che nessuno riusciva a catturarlo o accusarlo.

Он был настолько искусен в воровстве, что никто не мог его поймать или обвинить.

Il suo viso e il suo corpo erano coperti di cicatrici dovute a molti combattimenti passati.

Его лицо и тело были покрыты шрамами от многочисленных прошлых боев.

Buck continuava a combattere con ferocia, ma ora lo faceva con maggiore astuzia.

Бак по-прежнему яростно сражался, но теперь он сражался более хитро.

Skeet e Nig erano troppo docili per combattere, ed erano di Thornton.

Скит и Ниг были слишком слабы, чтобы сражаться, и они принадлежали Торнтону.

Ma qualsiasi cane estraneo, non importa quanto forte o coraggioso, cedeva.

Но любая чужая собака, какой бы сильной и храброй она ни была, сдавалась.

Altrimenti, il cane si ritrovò a combattere contro Buck, lottando per la propria vita.

В противном случае собаке пришлось бы сражаться с Бэком, бороться за свою жизнь.

Buck non ebbe pietà quando decise di combattere contro un altro cane.

Бэк не знал жалости, когда решал вступить в схватку с другой собакой.

Aveva imparato bene la legge del bastone e della zanna nel Nord.

Он хорошо усвоил закон дубинки и клыка в Северных землях.

Non ha mai rinunciato a un vantaggio e non si è mai tirato indietro dalla battaglia.

Он никогда не упускал преимущества и никогда не отступал от битвы.

Aveva studiato Spitz e i cani più feroci della polizia e della posta.

Он изучал шпицев и самых свирепых почтовых и полицейских собак.

Sapeva chiaramente che non esisteva via di mezzo in un combattimento selvaggio.

Он ясно понимал, что в жестокой схватке не может быть золотой середины.

Doveva governare o essere governato; mostrare misericordia significava mostrare debolezza.

Он должен был править или быть управляемым; проявить милосердие означало проявить слабость.

La pietà era sconosciuta nel mondo crudo e brutale della sopravvivenza.

В этом грубом и жестоком мире выживания милосердие было неведомо.

Mostrare pietà era visto come un atto di paura, e la paura conduceva rapidamente alla morte.

Проявление милосердия воспринималось как страх, а страх быстро приводил к смерти.

La vecchia legge era semplice: uccidere o essere uccisi, mangiare o essere mangiati.

Старый закон был прост: убей или будешь убит, ешь или будешь съеден.

Quella legge proveniva dalle profondità del tempo e Buck la seguì alla lettera.

Этот закон пришел из глубины веков, и Бак следовал ему неукоснительно.

Buck era più vecchio dei suoi anni e del numero dei suoi respiri.

Бак был старше своих лет и старше, чем предполагалось, судя по количеству сделанных им вдохов.

Collegava in modo chiaro il passato remoto con il momento presente.

Он ясно связал древнее прошлое с настоящим моментом.

I ritmi profondi dei secoli si muovevano attraverso di lui come le maree.

Глубокие ритмы веков проносились сквозь него, словно приливы и отливы.

Il tempo pulsava nel suo sangue con la stessa sicurezza con cui le stagioni muovevano la terra.

Время пульсировало в его крови так же уверенно, как времена года двигали Землю.

Sedeva accanto al fuoco di Thornton, con il petto forte e le zanne bianche.

Он сидел у костра Торнтона, с мощной грудью и белыми клыками.

La sua lunga pelliccia ondeggiava, ma dietro di lui lo osservavano gli spiriti dei cani selvatici.

Его длинная шерсть развевалась, но за ним наблюдали духи диких собак.

Lupi mezzi e lupi veri si agitavano nel suo cuore e nei suoi sensi.

В его сердце и чувствах шевелились полуволки и полные волки.

Assaggiarono la sua carne e bevvero la stessa acqua che bevve lui.

Они попробовали его мясо и выпили ту же воду, что и он.

Annusarono il vento insieme a lui e ascoltarono la foresta.

Они шли рядом с ним и принюхивались к ветру и лесу.

Sussurravano il significato dei suoni selvaggi nell'oscurità.

Они нашёптывали в темноте значение диких звуков.

Modellavano il suo umore e guidavano ciascuna delle sue reazioni silenziose.

Они формировали его настроение и направляли каждую из его тихих реакций.

Giacevano accanto a lui mentre dormiva e diventavano parte dei suoi sogni profondi.

Они лежали рядом с ним, пока он спал, и стали частью его глубоких снов.

Sognavano con lui, oltre lui, e costituivano il suo stesso spirito.

Они мечтали вместе с ним, за его пределами и составляли его душу.

Gli spiriti della natura selvaggia chiamavano con tanta forza che Buck si sentì attratto.

Духи дикой природы звали его так сильно, что Бак почувствовал притяжение.

Ogni giorno che passava, l'umanità e le sue rivendicazioni si indebolivano nel cuore di Buck.

С каждым днём человечество и его притязания становились всё слабее в сердце Бака.

Nel profondo della foresta si stava per udire un richiamo strano ed emozionante.

Где-то в глубине леса раздался странный и волнующий зов.

Ogni volta che sentiva la chiamata, Buck provava un impulso a cui non riusciva a resistere.

Каждый раз, когда Бак слышал этот зов, он чувствовал желание, которому не мог противиться.

Avrebbe voltato le spalle al fuoco e ai sentieri battuti dagli uomini.

Он собирался отвернуться от огня и от проторенных человеческих путей.

Stava per addentrarsi nella foresta, avanzando senza sapere il perché.

Он собирался нырнуть в лес, двигаясь вперед, сам не зная зачем.

Non mise in discussione questa attrazione, perché la chiamata era profonda e potente.

Он не подвергал сомнению этот призыв, поскольку зов был глубоким и сильным.

Spesso raggiungeva l'ombra verde e la terra morbida e intatta

Часто он достигал зеленой тени и мягкой нетронутой земли.

Ma poi il forte amore per John Thornton lo riportò al fuoco.

Но затем сильная любовь к Джону Торнтону снова вернула его к огню.

Soltanto John Thornton riuscì davvero a tenere stretto il cuore selvaggio di Buck.

Только Джон Торнтон по-настоящему держал в своих руках дикое сердце Бака.

Per Buck il resto dell'umanità non aveva alcun valore o significato duraturo.

Остальное человечество не имело для Бака никакой непреходящей ценности или значения.

Gli sconosciuti potrebbero lodarlo o accarezzargli la pelliccia con mani amichevoli.

Незнакомцы могут хвалить его или дружески гладить его шерсть.

Buck rimase impassibile e se ne andò per eccesso di affetto.

Бэк остался невозмутим и отошел от избытка чувств.

Hans e Pete arrivarono con la zattera che era stata attesa a lungo

Ганс и Пит прибыли на плоту, которого долго ждали.

Buck li ignorò finché non venne a sapere che erano vicini a Thornton.

Бак игнорировал их, пока не узнал, что они находятся недалеко от Торнтона.

Da allora in poi li tollerò, ma non dimostrò mai loro tutto il suo calore.

После этого он терпел их, но никогда не проявлял к ним полной теплоты.

Accettava da loro cibo o gentilezza come se volesse fare loro un favore.

Он принимал от них еду и ласку, как будто делал им одолжение.

Erano come Thornton: semplici, onesti e lucidi nei pensieri.

Они были похожи на Торнтона — простые, честные и с ясными мыслями.

Tutti insieme viaggiarono verso la segheria di Dawson e il grande vortice

Все вместе они отправились на лесопилку Доусона и к большому водовороту.

Nel corso del loro viaggio impararono a comprendere profondamente la natura di Buck.

Во время своего путешествия они научились глубоко понимать натуру Бака.

Non cercarono di avvicinarsi come avevano fatto Skeet e Nig.

Они не пытались сблизиться, как Скит и Ниг.

Ma l'amore di Buck per John Thornton non fece che aumentare con il tempo.

Но любовь Бака к Джону Торнтону со временем только крепла.

Solo Thornton poteva mettere uno zaino sulla schiena di Buck durante l'estate.

Только Торнтон мог летом накинуть рюкзак на спину Бэка.

Buck era disposto a eseguire senza riserve qualsiasi ordine impartito da Thornton.

Что бы ни приказал Торнтон, Бак был готов выполнить в полном объеме.

Un giorno, dopo aver lasciato Dawson per le sorgenti del Tanana,

Однажды, после того как они покинули Доусон и направились к верховьям Тананы,

il gruppo era seduto su una rupe che scendeva per un metro fino a raggiungere la nuda roccia.

Группа сидела на скале, обрывавшейся на три фута к голой скале.

John Thornton si sedette vicino al bordo e Buck si riposò accanto a lui.

Джон Торнтон сидел у края, а Бак отдыхал рядом с ним.

Thornton ebbe un'idea improvvisa e richiamò l'attenzione degli uomini.

Торнтону внезапно пришла в голову мысль, и он привлек внимание мужчин.

Indicò l'altro lato del baratro e diede a Buck un unico comando.

Он указал на пропасть и отдал Бак одну команду.

"Salta, Buck!" disse, allungando il braccio oltre il precipizio.

«Прыгай, Бак!» — сказал он, замахнувшись рукой над пропастью.

Un attimo dopo dovette afferrare Buck, che stava saltando per obbedire.

Через мгновение ему пришлось схватить Бака, который прыгнул, чтобы повиноваться.

Hans e Pete si precipitarono in avanti e tirarono entrambi indietro per metterli in salvo.

Ганс и Пит бросились вперед и оттащили обоих в безопасное место.

Dopo che tutto fu finito e che ebbero ripreso fiato, Pete prese la parola.

Когда все закончилось и они перевели дух, заговорил Пит.

«È un amore straordinario», disse, scosso dalla feroce devozione del cane.

«Эта любовь сверхъестественна», — сказал он, потрясенный яростной преданностью собаки.

Thornton scosse la testa e rispose con calma e serietà.

Торнтон покачал головой и ответил со спокойной серьезностью.

«No, l'amore è splendido», disse, «ma anche terribile».

«Нет, любовь прекрасна, — сказал он, — но и ужасна».

"A volte, devo ammetterlo, questo tipo di amore mi fa paura."

«Иногда, должен признаться, такая любовь пугает меня».

Pete annuì e disse: "Mi dispiacerebbe tanto essere l'uomo che ti tocca".

Пит кивнул и сказал: «Я бы не хотел быть тем мужчиной, который тебя коснется».

Mentre parlava, guardava Buck con aria seria e piena di rispetto.

Говоря это, он смотрел на Бака серьезно и с уважением.

"Py Jingo!" esclamò Hans in fretta. "Neanch'io, no signore."

«Py Jingo!» — быстро сказал Ганс. «Я тоже, нет, сэр».

Prima che finisse l'anno, i timori di Pete si avverarono a Circle City.

Еще до конца года опасения Пита в Серкл-Сити оправдались.

Un uomo crudele di nome Black Burton attaccò una rissa nel bar.

Жестокий человек по имени Блэк Бертон затеял драку в баре.

Era arrabbiato e cattivo, e si scagliava contro un novellino.

Он был зол и злобен, набрасывался на нового новичка.

John Thornton intervenne, calmo e bonario come sempre.

Вошел Джон Торнтон, как всегда спокойный и добродушный.

Buck giaceva in un angolo, con la testa bassa, e osservava Thornton attentamente.

Бак лежал в углу, опустив голову, и внимательно наблюдал за Торнтоном.

Burton colpì all'improvviso e il suo pugno fece girare Thornton.

Бёртон внезапно нанес удар, от которого Торнтон развернулся.

Solo la ringhiera della sbarra gli impedì di cadere violentemente a terra.

Только перила бара удержали его от сильного падения на землю.

Gli osservatori hanno sentito un suono che non era un abbaio o un guaito

Наблюдатели услышали звук, который не был похож ни на лай, ни на визг.

Buck emise un profondo ruggito mentre si lanciava verso l'uomo.

Бак издал глубокий рев, бросившись на мужчину.

Burton alzò il braccio e per poco non si salvò la vita.

Бертон вскинул руку и едва спас свою жизнь.

Buck si schiantò contro di lui, facendolo cadere a terra.

Бак врезался в него, сбив его с ног и повалив на пол.

Buck gli diede un morso profondo al braccio, poi si lanciò alla gola.

Бак глубоко впился зубами в руку мужчины, а затем бросился к горлу.

Burton riuscì a parare solo in parte e il suo collo fu squarciato.

Бертон смог лишь частично заблокировать удар, и его шея была разорвана.

Gli uomini si precipitarono dentro, brandendo i manganelli e allontanarono Buck dall'uomo sanguinante.

Мужчины ворвались туда, подняли дубинки и оттолкнули Бака от истекающего кровью мужчины.

Un chirurgo ha lavorato rapidamente per impedire che il sangue fuoriuscisse.

Хирург быстро остановил кровотечение.

Buck camminava avanti e indietro ringhiando, tentando di attaccare ancora e ancora.

Бэк ходил взад-вперед и рычал, пытаясь атаковать снова и снова.

Soltanto i bastoni oscillanti gli impedirono di raggiungere Burton.

Только размахивание дубинками помешало ему добраться до Бертона.

Proprio lì, sul posto, venne convocata una riunione dei minatori.

Тут же на месте был созван и проведен митинг шахтеров.

Concordarono sul fatto che Buck era stato provocato e votarono per liberarlo.

Они согласились, что Бака спровоцировали, и проголосовали за его освобождение.

Ma il nome feroce di Buck risuonava ormai in ogni accampamento dell'Alaska.

Но свирепое имя Бака теперь разносилось по всем лагерям Аляски.

Più tardi, quello stesso autunno, Buck salvò Thornton di nuovo in un modo nuovo.

Позже той осенью Бак снова спас Торнтона, но уже новым способом.

I tre uomini stavano guidando una lunga barca lungo delle rapide impetuose.

Трое мужчин вели длинную лодку по бурным порогам.

Thornton manovrava la barca, gridando indicazioni per raggiungere la riva.

Торнтон управлял лодкой, отдавая команды на пути к берегу.

Hans e Pete correvano sulla terraferma, tenendo una corda da un albero all'altro.

Ганс и Пит бежали по суше, держась за веревку от дерева к дереву.

Buck procedeva a passo d'uomo sulla riva, tenendo sempre d'occhio il suo padrone.

Бэк шагал по берегу, не сводя глаз с хозяина.

In un punto pericoloso, delle rocce sporgevano dall'acqua veloce.

В одном опасном месте из-под быстрой воды торчали камни.

Hans lasciò andare la cima e Thornton tirò la barca verso la larghezza.

Ганс отпустил веревку, и Торнтон направил лодку в сторону.

Hans corse a percorrerla di nuovo, superando le pericolose rocce.

Ганс побежал, чтобы снова догнать лодку, минуя опасные скалы.

La barca superò la sporgenza ma trovò una corrente più forte.

Лодка преодолела уступ, но попала в более сильный участок течения.

Hans afferrò la cima troppo velocemente e fece perdere l'equilibrio alla barca.

Ганс схватил веревку слишком быстро и вывел лодку из равновесия.

La barca si capovolse e sbatté contro la riva, con la parte inferiore rivolta verso l'alto.

Лодка перевернулась и врезалась в берег днищем вверх.

Thornton venne scaraventato fuori e trascinato nella parte più selvaggia dell'acqua.

Торнтона выбросило за борт и унесло в самое бурное место.

Nessun nuotatore sarebbe sopravvissuto in quelle acque pericolose e pericolose.

Ни один пловец не смог бы выжить в этих смертоносных, бурных водах.

Buck si lanciò all'istante e inseguì il suo padrone lungo il fiume.

Бэк тут же прыгнул в воду и погнался за хозяином вниз по реке.

Dopo trecento metri finalmente raggiunse Thornton.

Пройдя триста ярдов, он наконец добрался до Торнтона.

Thornton afferrò la coda di Buck, e Buck si diresse verso la riva.

Торнтон схватил Бака за хвост, и тот повернул к берегу.

Nuotò con tutte le sue forze, lottando contro la forte resistenza dell'acqua.

Он плыл изо всех сил, борясь с сильным сопротивлением воды.

Si spostarono verso valle più velocemente di quanto riuscissero a raggiungere la riva.

Они двигались вниз по течению быстрее, чем успевали достичь берега.

Più avanti, il fiume ruggiva più forte, precipitando in rapide mortali.

Впереди река ревела громче, падая в смертоносные пороги.

Le rocce fendevano l'acqua come i denti di un enorme pettine.

Камни разрезали воду, словно зубья огромного гребня.

La forza di attrazione dell'acqua nei pressi del dislivello era selvaggia e ineluttabile.

Притяжение воды возле обрыва было диким и неотвратимым.

Thornton sapeva che non sarebbero mai riusciti a raggiungere la riva in tempo.

Торнтон знал, что они не смогут добраться до берега вовремя.

Raschiò una roccia, ne sbatté una seconda,

Он прошёлся по одному камню, разбил другой,

Poi si schiantò contro una terza roccia, afferrandola con entrambe le mani.

А затем он врезался в третий камень, схватившись за него обеими руками.

Lasciò andare Buck e urlò sopra il ruggito: "Vai, Buck! Vai!"

Он отпустил Бака и крикнул, перекрывая рёв: «Вперёд, Бак! Вперёд!»

Buck non riuscì a restare a galla e fu trascinato dalla corrente.

Бак не смог удержаться на плаву и был унесен течением.

Lottò con tutte le sue forze, cercando di girarsi, ma non fece alcun progresso.

Он упорно боролся, пытаясь повернуться, но не добился никакого прогресса.

Poi sentì Thornton ripetere il comando sopra il fragore del fiume.

Затем он услышал, как Торнтон повторил команду, перекрывая рев реки.

Buck si impennò fuori dall'acqua e sollevò la testa come per dare un'ultima occhiata.

Бак вынырнул из воды и поднял голову, словно для последнего взгляда.

poi si voltò e obbedì, nuotando verso la riva con risolutezza.

затем повернулся и повиновался, решительно поплыв к берегу.

Pete e Hans lo tirarono a riva all'ultimo momento possibile.

Пит и Ганс вытащили его на берег в последний возможный момент.

Sapevano che Thornton avrebbe potuto aggrapparsi alla roccia solo per pochi minuti.

Они знали, что Торнтон сможет продержаться на скале всего несколько минут.

Corsero su per la riva fino a un punto molto più in alto rispetto al punto in cui lui era appeso.

Они побежали по берегу к месту, намного выше того места, где он висел.

Legarono con cura la cima della barca al collo e alle spalle di Buck.

Они осторожно привязали лодочный трос к шее и плечам Бака.

La corda era stretta ma abbastanza larga da permettere di respirare e muoversi.

Веревка была натянута плотно, но достаточно свободно для дыхания и движения.

Poi lo gettarono di nuovo nel fiume impetuoso e mortale.

Затем они снова бросили его в бурную, смертоносную реку.

Buck nuotò coraggiosamente ma non riuscì a prendere l'angolazione giusta per affrontare la forza della corrente.

Бак плыл смело, но не попал под струю течения.

Si accorse troppo tardi che stava per superare Thornton.

Он слишком поздно понял, что его пронесет мимо Торнтона.

Hans tirò forte la corda, come se Buck fosse una barca che si capovolge.

Ганс дернул веревку так, словно Бак был переворачивающейся лодкой.

La corrente lo trascinò sott'acqua e lui scomparve sotto la superficie.

Течение потянуло его под воду, и он исчез под поверхностью.

Il suo corpo colpì la riva prima che Hans e Pete lo tirassero fuori.

Его тело ударилось о берег, прежде чем Ганс и Пит вытащили его.

Era mezzo annegato e gli tolsero l'acqua dal corpo.

Он был полузатоплен, и они выкачали из него воду.

Buck si alzò, barcollò e crollò di nuovo a terra.

Бак встал, пошатнулся и снова рухнул на землю.

Poi udirono la voce di Thornton portata debolmente dal vento.

Затем они услышали голос Торнтона, слабо доносимый ветром.

Sebbene le parole non fossero chiare, sapevano che era vicino alla morte.

Хотя слова были неясны, они знали, что он близок к смерти.

Il suono della voce di Thornton colpì Buck come una scossa elettrica.

Звук голоса Торнтона поразил Бака словно удар током.

Saltò in piedi e corse su per la riva, tornando al punto di partenza.

Он вскочил и побежал вверх по берегу, возвращаясь к точке старта.

Legarono di nuovo la corda a Buck, e di nuovo lui entrò nel fiume.

Они снова привязали веревку к Бэку, и он снова вошел в ручей.

Questa volta nuotò direttamente e con decisione nell'acqua impetuosa.

На этот раз он решительно и прямо поплыл в бурлящую воду.

Hans lasciò scorrere la corda con regolarità, mentre Pete impediva che si aggrovigliasse.

Ганс плавно отпускал веревку, а Пит следил, чтобы она не запутывалась.

Buck nuotò con forza finché non si trovò allineato appena sopra Thornton.

Бак плыл изо всех сил, пока не оказался прямо над Торнтоном.

Poi si voltò e si lanciò verso di lui come un treno a tutta velocità.

Затем он повернулся и помчался вниз, словно поезд на полной скорости.

Thornton lo vide arrivare, si preparò e gli abbracciò il collo.

Торнтон увидел его, приготовился и обхватил руками его шею.

Hans legò saldamente la corda attorno a un albero mentre entrambi venivano tirati sott'acqua.

Ганс крепко привязал веревку к дереву, и их обоих потянуло под воду.

Caddero sott'acqua, schiantandosi contro rocce e detriti del fiume.

Они падали под воду, разбиваясь о камни и речной мусор.

Un attimo prima Buck era in cima e un attimo dopo Thornton si alzava ansimando.

В один момент Бак был сверху, в следующий момент Торнтон поднялся, задыхаясь.

Malconci e soffocati, si diressero verso la riva e si misero in salvo.

Избитые и задыхающиеся, они направились к берегу, в безопасное место.

Thornton riprese conoscenza mentre era sdraiato su un tronco alla deriva.

Торнтон пришел в сознание, лежа на дрейфующем бревне.

Hans e Pete lavorarono duramente per riportarlo a respirare e a vivere.

Ганс и Пит упорно трудились, чтобы вернуть ему дыхание и жизнь.

Il suo primo pensiero fu per Buck, che giaceva immobile e inerte.

Его первая мысль была о Баке, который лежал неподвижно и безвольно.

Nig ululò sul corpo di Buck e Skeet gli leccò delicatamente il viso.

Ниг взвыл над телом Бака, а Скит нежно лизнул его лицо.

Thornton, dolorante e contuso, esaminò Buck con mano attenta.

Торнтон, весь в синяках и ушибах, осторожно осмотрел Бака.

Ha trovato tre costole rotte, ma il cane non presentava ferite mortali.

Он обнаружил, что у собаки сломаны три ребра, но смертельных ран не обнаружено.

"Questo è tutto", disse Thornton. "Ci accamperemo qui". E così fecero.

«Это решает все», — сказал Торнтон. «Мы разобьем лагерь здесь». И они это сделали.

Rimasero lì finché le costole di Buck non guarirono e lui poté di nuovo camminare.

Они оставались там до тех пор, пока ребра Бака не зажили и он снова не смог ходить.

Quell'inverno Buck compì un'impresa che accrebbe ulteriormente la sua fama.

Той зимой Бак совершил подвиг, который еще больше повысил его славу.

Fu un gesto meno eroico del salvataggio di Thornton, ma altrettanto impressionante.

Это было менее героически, чем спасение Торнтона, но столь же впечатляюще.

A Dawson, i soci avevano bisogno di provviste per un viaggio lontano.

В Доусоне партнерам понадобились припасы для дальнего путешествия.

Volevano viaggiare verso est, in terre selvagge e incontaminate.

Они хотели отправиться на Восток, в нетронутые дикие земли.

Quel viaggio fu possibile grazie all'impresa compiuta da Buck nell'Eldorado Saloon.

Благодаря поступку Бака в салуне «Эльдорадо» эта поездка стала возможной.

Tutto cominciò con degli uomini che si vantavano dei loro cani bevendo qualcosa.

Все началось с того, что мужчины хвастались своими собаками за выпивкой.

La fama di Buck lo rese bersaglio di sfide e dubbi.

Слава Бака сделала его объектом вызовов и сомнений.

Thornton, fiero e calmo, rimase fermo nel difendere il nome di Buck.

Торнтон, гордый и спокойный, твердо стоял на защите имени Бака.

Un uomo ha affermato che il suo cane riusciva a trainare facilmente duecentocinquanta chili.

Один мужчина сказал, что его собака может легко тянуть пятьсот фунтов.

Un altro disse seicento, e un terzo si vantò di settecento.

Другой сказал, что шестьсот, а третий похвастался, что семьсот.

"Pfft!" disse John Thornton, "Buck può trainare una slitta da mille libbre."

«Пфф!» — сказал Джон Торнтон. «Бак может тянуть сани весом в тысячу фунтов».

Matthewson, un Bonanza King, si sporse in avanti e lo sfidò.

Мэтьюсон, король Бонанзы, наклонился вперед и бросил ему вызов.

"Pensi che possa spostare tutto quel peso?"

«Вы думаете, он сможет привести в движение такой вес?»

"E pensi che riesca a sollevare il peso per cento metri?"

«И вы думаете, он сможет протянуть этот вес на целых сто ярдов?»

Thornton rispose freddamente: "Sì. Buck è abbastanza cane da farlo."

Торнтон холодно ответил: «Да. Бак достаточно храбрый, чтобы сделать это».

"Metterà in moto mille libbre e la tirerà per cento metri."

«Он приведет в движение тысячу фунтов и протащит ее на сто ярдов».

Matthewson sorrise lentamente e si assicurò che tutti gli uomini udissero le sue parole.

Мэтьюсон медленно улыбнулся и постарался, чтобы все услышали его слова.

"Ho mille dollari che dicono che non può. Eccoli."

«У меня есть тысяча долларов, которая говорит, что он не сможет. Вот она».

Sbatté sul bancone un sacco di polvere d'oro grande quanto una salsiccia.

Он швырнул на стойку бара мешок с золотой пылью размером с сосиску.

Nessuno disse una parola. Il silenzio si fece pesante e teso intorno a loro.

Никто не сказал ни слова. Тишина вокруг них стала тяжелой и напряженной.

Il bluff di Thornton, se mai lo fu, era stato preso sul serio.

Блеф Торнтона — если это был блеф — был воспринят всерьез.

Sentì il calore salirgli al viso mentre il sangue gli affluiva alle guance.

Он почувствовал, как к лицу приливает жар, а кровь прилила к щекам.

In quel momento la sua lingua aveva preceduto la ragione.

В этот момент его язык опередил разум.

Non sapeva davvero se Buck sarebbe riuscito a spostare mille libbre.

Он действительно не знал, сможет ли Бак поднять тысячу фунтов.

Mezza tonnellata! Solo la sua mole gli faceva sentire il cuore pesante.

Полтонны! От одного только размера у него на сердце стало тяжело.

Aveva fiducia nella forza di Buck e lo riteneva capace.

Он верил в силу Бака и считал его способным.

Ma non aveva mai affrontato una sfida di questo tipo, non in questo modo.

Но он никогда не сталкивался с подобными испытаниями.

Una dozzina di uomini lo osservavano in silenzio, in attesa di vedere cosa avrebbe fatto.

Дюжина мужчин молча наблюдали за ним, ожидая, что он сделает.

Lui non aveva i soldi, e nemmeno Hans e Pete.

У него не было денег, как и у Ганса с Питом.

"Ho una slitta fuori", disse Matthewson in modo freddo e diretto.

«У меня на улице есть сани», — холодно и прямо сказал Мэтьюсон.

"È carico di venti sacchi, da cinquanta libbre ciascuno, tutti di farina.

«Он загружен двадцатью мешками, по пятьдесят фунтов каждый, все с мукой.

Quindi non lasciare che la scomparsa della slitta diventi la tua scusa", ha aggiunto.

Так что не позволяйте пропавшим саням стать вашим оправданием», — добавил он.

Thornton rimase in silenzio. Non sapeva che parole dire.

Торнтон молчал. Он не знал, какие слова предложить.

Guardò i volti intorno a sé senza vederli chiaramente.

Он оглядел лица, но не мог их ясно разглядеть.

Sembrava un uomo immerso nei suoi pensieri, che cercava di ripartire.

Он был похож на человека, застывшего в мыслях и пытающегося начать все сначала.

Poi incontrò Jim O'Brien, un amico dei tempi dei Mastodon.

Затем он увидел Джима О'Брайена, друга со времен Mastodon.

Quel volto familiare gli diede un coraggio che non sapeva di avere.

Это знакомое лицо придало ему смелости, о существовании которой он и не подозревал.

Si voltò e chiese a bassa voce: "Puoi prestarmi mille dollari?"

Он повернулся и тихо спросил: «Можете ли вы одолжить мне тысячу?»

"Certo", disse O'Brien, lasciando cadere un pesante sacco vicino all'oro.

«Конечно», — сказал О'Брайен, уже сбросив тяжелый мешок с золотом.

"Ma sinceramente, John, non credo che la bestia possa fare questo."

«Но, честно говоря, Джон, я не верю, что зверь способен на это».

Tutti quelli presenti all'Eldorado Saloon si precipitarono fuori per assistere all'evento.

Все посетители салуна «Эльдорадо» выбежали на улицу, чтобы посмотреть на событие.

Lasciarono tavoli e bevande e perfino le partite furono sospese.

Они оставили столы и напитки, и даже игры были приостановлены.

Croupier e giocatori accorsero per assistere alla conclusione di questa audace scommessa.

Дилеры и игроки пришли стать свидетелями конца смелого пари.

Centinaia di persone si radunarono attorno alla slitta sulla strada ghiacciata.

Сотни людей собрались вокруг саней на открытой ледяной улице.

La slitta di Matthewson era carica di un carico completo di sacchi di farina.

Сани Мэтьюсона были полностью загружены мешками с мукой.

La slitta era rimasta ferma per ore a temperature sotto lo zero.

Сани простояли несколько часов при минусовой температуре.

I pattini della slitta erano congelati e incollati alla neve compatta.

Полозья саней намертво примерзли к утрамбованному снегу.

Gli uomini scommettevano due a uno che Buck non sarebbe riuscito a spostare la slitta.

Мужчины поставили два к одному на то, что Бак не сможет сдвинуть сани.

Scoppiò una disputa su cosa significasse realmente "break out".

Разгорелся спор о том, что на самом деле означает слово «прорваться».

O'Brien ha affermato che Thornton dovrebbe allentare la base ghiacciata della slitta.

О'Брайен сказал, что Торнтону следует ослабить замороженное основание саней.

Buck potrebbe quindi "rompere" una partenza solida e immobile.

Затем Бак смог «вырваться» из твердого, неподвижного старта.

Matthewson sosteneva che anche il cane doveva liberare i corridoi.

Мэтьюсон утверждал, что собака также должна освободить бегунов.

Gli uomini che avevano sentito la scommessa concordavano con Matthewson.

Люди, слышавшие о пари, согласились с точкой зрения Мэтьюсона.

Con questa sentenza, le probabilità contro Buck salirono a tre a uno.

После этого решения шансы на победу Бака возросли до трех к одному.

Nessuno si fece avanti per accettare le crescenti quote di tre a uno.

Никто не решился принять растущие шансы три к одному.

Nessuno credeva che Buck potesse compiere la grande impresa.

Ни один человек не верил, что Бак способен совершить такой великий подвиг.

Thornton era stato spinto a scommettere, pieno di dubbi.

Торнтон поспешно заключил пари, полный сомнений.

Ora guardava la slitta e la muta di dieci cani accanto ad essa.

Теперь он посмотрел на сани и упряжку из десяти собак рядом с ними.

Vedere la realtà del compito lo faceva sembrare ancora più impossibile.

Осознание реальности задачи сделало ее еще более невыполнимой.

In quel momento Matthewson era pieno di orgoglio e sicurezza.

В тот момент Мэтьюсон был полон гордости и уверенности.

"Tre a uno!" urlò. "Ne scommetto altri mille, Thornton!

«Три к одному!» — крикнул он. «Ставлю еще тысячу, Торнтон!

"Cosa dici?" aggiunse, abbastanza forte da farsi sentire da tutti.

Что ты скажешь?» — добавил он достаточно громко, чтобы все услышали.

Il volto di Thornton esprimeva i suoi dubbi, ma il suo spirito era sollevato.

На лице Торнтона отразились сомнения, но дух его воспрял.

Quello spirito combattivo ignorava le avversità e non temeva nulla.

Этот боевой дух не признавал трудностей и не боялся ничего.

Chiamò Hans e Pete perché portassero tutti i loro soldi al tavolo.

Он позвонил Гансу и Питу, чтобы они принесли все свои деньги.

Non gli era rimasto molto altro: solo duecento dollari in tutto.

У них осталось совсем немного — всего двести долларов.

Questa piccola somma costituiva la loro intera fortuna nei momenti difficili.

Эта небольшая сумма была их единственным богатством в трудные времена.

Ciononostante puntarono tutta la loro fortuna contro la scommessa di Matthewson.

Тем не менее, они поставили все свое состояние на ставку Мэтьюсона.

La muta composta da dieci cani venne sganciata e allontanata dalla slitta.

Упряжку из десяти собак отцепили и отвели от саней.

Buck venne messo alle redini, indossando la sua consueta imbracatura.

Бэка посадили на поводья, надев на него знакомую сбрую.

Aveva colto l'energia della folla e ne aveva percepito la tensione.

Он уловил энергию толпы и почувствовал напряжение.

In qualche modo sapeva che doveva fare qualcosa per John Thornton.

Каким-то образом он понял, что должен что-то сделать для Джона Торнтона.

La gente mormorava ammirata di fronte alla figura fiera del cane.

Люди восхищенно перешептывались, глядя на гордую
фигуру собаки.

Era magro e forte, senza un solo grammo di carne in più.

Он был поджарым и сильным, без единой лишней унции
жира.

Il suo peso di centocinquanta chili era sinonimo di potenza e resistenza.

Его полный вес в сто пятьдесят фунтов был воплощением
силы и выносливости.

Il mantello di Buck brillava come la seta, denso di salute e forza.

Шерсть Бэка блестела, как шелк, густая от здоровья и
силы.

La pelliccia sul collo e sulle spalle sembrava sollevarsi e drizzarsi.

Шерсть на его шее и плечах, казалось, встала дыбом.

La sua criniera si muoveva leggermente, ogni capello era animato dalla sua grande energia.

Его грива слегка шевелилась, каждый волосок оживал
благодаря его огромной энергии.

Il suo petto ampio e le sue gambe forti si sposavano bene con la sua corporatura pesante e robusta.

Его широкая грудь и сильные ноги соответствовали его
тяжелому, крепкому телу.

I muscoli si tesero sotto il cappotto, tesi e sodi come ferro legato.

Под его пальто перекатывались мускулы, упругие и
крепкие, как кованое железо.

Gli uomini lo toccavano e giuravano che era fatto come una macchina d'acciaio.

Мужчины прикасались к нему и клялись, что он был
сложен, как стальная машина.

Le probabilità contro il grande cane sono scese leggermente a due a uno.

Шансы немного снизились до двух к одному против
великой собаки.

Un uomo dei banchi di Skookum si fece avanti balbettando.

Мужчина из Скукумского суда, заикаясь, протиснулся вперед.

"Bene, signore! Offro ottocento per lui... prima della prova, signore!"

"Хорошо, сэр! Я предлагаю за него восемьсот — до испытания, сэр!"

"Ottocento, così com'è adesso!" insistette l'uomo.

«Восемьсот, как он стоит сейчас!» — настаивал мужчина.

Thornton fece un passo avanti, sorrise e scosse la testa con calma.

Торнтон шагнул вперед, улыбнулся и спокойно покачал головой.

Matthewson intervenne rapidamente con tono ammonitore e aggrottando la fronte.

Мэтьюсон быстро вмешался, предупредив и нахмурившись.

"Devi allontanarti da lui", disse. "Dagli spazio."

«Вы должны отойти от него, — сказал он. — Дайте ему пространство».

La folla tacque; solo i giocatori continuavano a offrire due a uno.

Толпа затихла, только игроки продолжали ставить два к одному.

Tutti ammiravano la corporatura di Buck, ma il carico sembrava troppo pesante.

Все восхищались телосложением Бака, но груз казался слишком большим.

Venti sacchi di farina, ciascuno del peso di cinquanta libbre, sembravano decisamente troppi.

Двадцать мешков муки — каждый весом в пятьдесят фунтов — показались мне слишком большим грузом.

Nessuno era disposto ad aprire la borsa e a rischiare i propri soldi.

Никто не хотел открывать свой кошелек и рисковать своими деньгами.

Thornton si inginocchiò accanto a Buck e gli prese la testa tra entrambe le mani.

Торнтон опустился на колени рядом с Баком и взял его голову обеими руками.

Premette la guancia contro quella di Buck e gli parlò all'orecchio.

Он прижался щекой к щеке Бака и заговорил ему на ухо.

Non c'erano più né scossoni giocosi né insulti affettuosi sussurrati.

Больше не было игривых пожатий или шепота любовных оскорблений.

Mormorò solo dolcemente: "Quanto mi ami, Buck."

Он только тихо пробормотал: «Как бы сильно ты меня ни любил, Бак».

Buck emise un gemito sommesso, trattenendo a stento la sua impazienza.

Бак тихонько заскулил, его рвение было едва сдержано.

Gli astanti osservavano con curiosità la tensione che aleggiava nell'aria.

Зрители с любопытством наблюдали, как в воздухе царит напряжение.

Quel momento sembrava quasi irreale, qualcosa che trascendeva la ragione.

Этот момент казался почти нереальным, чем-то выходящим за рамки разумного.

Quando Thornton si alzò, Buck gli prese delicatamente la mano tra le fauci.

Когда Торнтон встал, Бак осторожно взял его руку в свои челюсти.

Premette con i denti, poi lasciò andare lentamente e delicatamente.

Он надавил зубами, а затем медленно и осторожно отпустил.

Fu una risposta silenziosa d'amore, non detta, ma compresa.

Это был молчаливый ответ любви, не высказанный, но понятый.

Thornton si allontanò di molto dal cane e diede il segnale.

Торнтон отошел от собаки на достаточное расстояние и подал сигнал.

"Ora, Buck", disse, e Buck rispose con calma concentrata.

«Ну, Бак», — сказал он, и Бак ответил сосредоточенно и спокойно.

Buck tese le corde, poi le allentò di qualche centimetro.

Бак натянул постромки, а затем ослабил их на несколько дюймов.

Questo era il metodo che aveva imparato; il suo modo per rompere la slitta.

Это был метод, которому он научился; его способ сломать сани.

"Caspita!" urlò Thornton, con voce acuta nel silenzio pesante.

«Ух ты!» — крикнул Торнтон, его голос прозвучал резко в тяжелой тишине.

Buck si girò verso destra e si lanciò con tutto il suo peso.

Бак повернулся вправо и бросился вперед всем своим весом.

Il gioco svanì e tutta la massa di Buck colpì le timonerie strette.

Провисание исчезло, и вся масса Бака ударилась о натянутые постромки.

La slitta tremò e i pattini produssero un suono secco e scoppiettante.

Сани задрожали, полозья издали резкий треск.

"Haw!" ordinò Thornton, cambiando di nuovo direzione a Buck.

«Ха!» — скомандовал Торнтон, снова меняя направление движения Бака.

Buck ripeté la mossa, questa volta tirando bruscamente verso sinistra.

Бак повторил движение, на этот раз резко повернув влево.

La slitta scricchiolava più forte, i pattini schioccavano e si spostavano.

Сани затрещали громче, полозья затрещали и задвигались.

Il pesante carico scivolò leggermente di lato sulla neve ghiacciata.

Тяжелый груз слегка скользил вбок по замерзшему снегу.

La slitta si era liberata dalla presa del sentiero ghiacciato!

Сани вырвались из цепких объятий ледяной тропы!

Gli uomini trattennero il respiro, inconsapevoli di non stare nemmeno respirando.

Мужчины затаили дыхание, не осознавая, что они даже не дышат.

"Ora, TIRA!" gridò Thornton nel silenzio glaciale.

«Теперь ТЯНИ!» — крикнул Торнтон сквозь застывшую тишину.

Il comando di Thornton risuonò netto, come lo schiocco di una frusta.

Приказ Торнтона прозвучал резко, как удар хлыста.

Buck si lanciò in avanti con un affondo violento e violento.

Бак бросился вперед яростным и резким рывком.

Tutto il suo corpo si irrigidì e si contrasse sotto l'enorme sforzo.

Все его тело напряглось и сжалось от огромной нагрузки.

I muscoli si muovevano sotto la pelliccia come serpenti che prendevano vita.

Мышцы перекатывались под его шерстью, словно оживающие змеи.

Il suo grande petto era basso e la testa era protesa in avanti verso la slitta.

Его большая грудь была опущена, голова вытянута вперед, к саням.

Le sue zampe si muovevano come fulmini e gli artigli fendevano il terreno ghiacciato.

Его лапы двигались со скоростью молнии, когти разрезали мерзлую землю.

I solchi erano profondi mentre lottava per ogni centimetro di trazione.

Борозды были глубокими, поскольку он боролся за каждый дюйм сцепления.

La slitta ondeggiò, tremò e cominciò a muoversi lentamente e in modo inquieto.

Сани качнулись, задрожали и начали медленное, беспокойное движение.

Un piede scivolò e un uomo tra la folla gemette ad alta voce.

Одна нога поскользнулась, и кто-то в толпе громко застонал.

Poi la slitta si lanciò in avanti con un movimento brusco e a scatti.

Затем сани рванули вперед резким, резким движением.

Non si fermò più: mezzo pollice...un pollice...cinque pollici in più.

Он больше не останавливался — еще полдюйма... дюйм... два дюйма.

Gli scossoni si fecero più lievi man mano che la slitta cominciava ad acquistare velocità.

По мере того, как сани набирали скорость, рывки становились слабее.

Presto Buck cominciò a tirare con una potenza fluida e uniforme.

Вскоре Бак уже тянул с плавной, ровной, катящейся силой.

Gli uomini sussultarono e finalmente si ricordarono di respirare di nuovo.

Мужчины ахнули и, наконец, снова вспомнили, что нужно дышать.

Non si erano accorti che il loro respiro si era fermato per lo stupore.

Они не заметили, как от благоговения у них перехватило дыхание.

Thornton gli corse dietro, gridando comandi brevi e allegri.

Торнтон бежал позади, выкрикивая короткие, веселые команды.

Davanti a noi c'era una catasta di legna da ardere che segnava la distanza.

Впереди виднелась поленница дров, обозначавшая расстояние.

Mentre Buck si avvicinava al mucchio, gli applausi diventavano sempre più forti.

По мере того, как Бак приближался к куче, крики становились все громче и громче.

Gli applausi crebbero fino a diventare un boato quando Buck superò il traguardo.

Когда Бак миновал конечную точку, крики радости переросли в рев.

Gli uomini saltarono e gridarono, perfino Matthewson sorrise.

Мужчины подпрыгивали и кричали, даже Мэтьюсон расплылся в улыбке.

I cappelli volavano in aria e i guanti venivano lanciati senza pensarci o mirare.

Шапки летели в воздух, варежки швырялись без всякой цели и мысли.

Gli uomini si afferrarono e si strinsero la mano senza sapere chi.

Мужчины обнимали друг друга и пожимали руки, не зная, кому именно.

Tutta la folla era in delirio, in un tripudio di gioia e di entusiasmo.

Вся толпа гудела от бурного, радостного ликования.

Thornton cadde in ginocchio accanto a Buck con le mani tremanti.

Торнтон упал на колени рядом с Баком, его руки дрожали.

Premette la testa contro quella di Buck e lo scosse delicatamente avanti e indietro.

Он прижал свою голову к голове Бака и легонько покачал его взад и вперед.

Chi si avvicinava lo sentiva maledire il cane con amore silenzioso.

Приходившие слышали, как он с тихой любовью проклинал собаку.

Imprecò a lungo contro Buck, con dolcezza, calore, emozione.

Он долго ругал Бака — тихо, горячо, эмоционально.

"Bene, signore! Bene, signore!" esclamò di corsa il re della panchina di Skookum.

«Хорошо, сэр! Хорошо, сэр!» — в спешке воскликнул король Скукум-Бенч.

"Le darò mille, anzi milleduecento, per quel cane, signore!"

«Я дам вам тысячу — нет, тысячу двести — за эту собаку, сэр!»

Thornton si alzò lentamente in piedi, con gli occhi brillanti di emozione.

Торнтон медленно поднялся на ноги, его глаза сияли от волнения.

Le lacrime gli rigavano le guance senza alcuna vergogna.

Слезы текли по его щекам, не вызывая никакого стыда.

"Signore", disse al re della panchina di Skookum, con fermezza e fermezza

«Сэр», — сказал он королю Скукум-Бенч, твердо и твердо.

"No, signore. Può andare all'inferno, signore. Questa è la mia risposta definitiva."

«Нет, сэр. Вы можете идти к черту, сэр. Это мой окончательный ответ».

Buck afferrò delicatamente la mano di Thornton tra le sue forti mascelle.

Бак нежно схватил руку Торнтона своими сильными челюстями.

Thornton lo scosse scherzosamente; il loro legame era più profondo che mai.

Торнтон игриво встряхнул его, их связь была крепка, как никогда.

La folla, commossa dal momento, fece un passo indietro in silenzio.

Толпа, тронутая этим моментом, молча отступила.

Da quel momento in poi nessuno osò più interrompere un affetto così sacro.

С тех пор никто не осмеливался прерывать эту священную привязанность.

Il suono della chiamata
Звук Зова

Buck aveva guadagnato milleseicento dollari in cinque minuti.
Бак заработал тысячу шестьсот долларов за пять минут.

Il denaro permise a John Thornton di saldare alcuni dei suoi debiti.
Эти деньги позволили Джону Торнтону погасить часть своих долгов.

Con il resto del denaro si diresse verso est insieme ai suoi soci.
На оставшиеся деньги он вместе со своими партнерами отправился на Восток.

Cercarono una leggendaria miniera perduta, antica quanto il paese stesso.
Они искали легендарную затерянную шахту, такую же старую, как и сама страна.

Molti uomini avevano cercato la miniera, ma pochi l'avevano trovata.
Многие искали эту шахту, но мало кто ее нашел.

Molti uomini erano scomparsi durante la pericolosa ricerca.
Во время опасного похода пропало немало людей.

Questa miniera perduta era avvolta nel mistero e nella vecchia tragedia.
Эта затерянная шахта была окутана тайной и давней трагедией.

Nessuno sapeva chi fosse stato il primo uomo a scoprire la miniera.
Никто не знал, кто был первым человеком, нашедшим шахту.

Le storie più antiche non menzionano nessuno per nome.
В самых старых историях не упоминается ни одно имя.

Lì c'era sempre stata una vecchia capanna fatiscente.
Там всегда стояла старая ветхая хижина.

I moribondi avevano giurato che vicino a quella vecchia capanna ci fosse una miniera.

Умирающие клялись, что рядом с той старой хижиной находится мина.

Hanno dimostrato le loro storie con un oro che non ha eguali altrove.

Они подтвердили свои истории золотом, не имеющим аналогов в других местах.

Nessuna anima viva aveva mai saccheggiato il tesoro da quel luogo.

Ни одна живая душа никогда не грабила сокровища из этого места.

I morti erano morti e i morti non raccontano storie.

Мертвые были мертвы, а мертвые не рассказывают сказок.

Così Thornton e i suoi amici si diressero verso Est.

Итак, Торнтон и его друзья направились на Восток.

Si unirono a noi Pete e Hans, portando con sé Buck e sei cani robusti.

К ним присоединились Пит и Ганс, приведя с собой Бака и шесть сильных собак.

Si avviarono lungo un sentiero sconosciuto dove altri avevano fallito.

Они отправились по неизвестному пути, где другие потерпели неудачу.

Percorsero in slitta settanta miglia lungo il fiume Yukon ghiacciato.

Они проехали семьдесят миль вверх по замерзшей реке Юкон.

Girarono a sinistra e seguirono il sentiero verso lo Stewart.

Они повернули налево и пошли по тропе к Стюарту.

Superarono il Mayo e il McQuestion e proseguirono oltre.

Они миновали Мейо и МакКвестон и продолжили путь.

Lo Stewart si restringeva fino a diventare un ruscello, infilandosi tra cime frastagliate.

Стюарт превратился в ручей, пронизывающий острые вершины.

Queste vette aguzze rappresentavano la spina dorsale del continente.

Эти острые пики обозначали самый хребет континента.

John Thornton pretendeva poco dagli uomini e dalla terra selvaggia.

Джон Торнтон мало чего требовал от людей и дикой природы.

Non temeva nulla della natura e affrontava la natura selvaggia con disinvoltura.

Он не боялся ничего на природе и с легкостью сталкивался с дикой природой.

Con solo del sale e un fucile poteva viaggiare dove voleva.

Имея при себе только соль и винтовку, он мог путешествовать, куда пожелает.

Come gli indigeni, durante il viaggio cacciava per procurarsi il cibo.

Как и туземцы, он добывал себе пропитание во время своих путешествий.

Se non prendeva nulla, continuava ad andare avanti, confidando nella fortuna che lo attendeva.

Если он ничего не поймал, он продолжал путь, надеясь на удачу.

Durante questo lungo viaggio, la carne era l'alimento principale di cui si nutrivano.

В этом долгом путешествии основным продуктом их питания было мясо.

La slitta trasportava attrezzi e munizioni, ma non c'era un orario preciso.

В санях находились инструменты и боеприпасы, но не было четкого расписания.

Buck amava questo vagabondare, la caccia e la pesca senza fine.

Бэку нравились эти странствия, бесконечная охота и рыбалка.

Per settimane viaggiarono senza sosta, giorno dopo giorno.

В течение нескольких недель они путешествовали день за днём.

Altre volte si accampavano e restavano fermi per settimane.

В других случаях они разбивали лагеря и оставались неподвижными неделями.

I cani riposarono mentre gli uomini scavavano nel terreno ghiacciato.

Собаки отдыхали, пока мужчины копали замерзшую землю.

Scaldavano le padelle sul fuoco e cercavano l'oro nascosto.

Они грели сковороды на огне и искали спрятанное золото.

C'erano giorni in cui pativano la fame, altri in cui banchettavano.

Иногда они голодали, а иногда устраивали пиры.

Il loro pasto dipendeva dalla selvaggina e dalla fortuna della caccia.

Их еда зависела от дичи и удачи на охоте.

Con l'arrivo dell'estate, uomini e cani caricavano carichi sulle spalle.

Когда наступило лето, люди и собаки взвалили на свои спины грузы.

Fecero rafting sui laghi azzurri nascosti nelle foreste di montagna.

Они сплавлялись по голубым озерам, скрытым в горных лесах.

Navigavano su imbarcazioni sottili su fiumi che nessun uomo aveva mai mappato.

Они плавали на узких лодках по рекам, которые никто никогда не наносил на карты.

Quelle barche venivano costruite con gli alberi che avevano segato in natura.

Эти лодки были построены из деревьев, которые они спилили в дикой природе.

Passarono i mesi e loro viaggiarono attraverso terre selvagge e sconosciute.

Шли месяцы, и они петляли по диким неизведанным землям.

Non c'erano uomini lì, ma vecchie tracce lasciavano intendere che alcuni di loro fossero presenti.

Мужчин там не было, но старые следы намекали на то, что они когда-то были.

Se la Capanna Perduta fosse esistita davvero, allora altre persone in passato erano passate da lì.

Если Затерянная Хижина существует на самом деле, значит, и другие когда-то проходили этим путем.

Attraversavano passi alti durante le bufere di neve, anche d'estate.

Они пересекали высокогорные перевалы в метели, даже летом.

Rabbrividivano sotto il sole di mezzanotte sui pendii brulli delle montagne.

Они дрожали под полуночным солнцем на голых склонах гор.

Tra il limite degli alberi e i campi di neve, salivano lentamente.

Они медленно поднимались между линией деревьев и снежными полями.

Nelle valli calde, scacciavano nuvole di moscerini e mosche.

В теплых долинах они отмахивались от туч комаров и мух.

Raccolsero bacche dolci vicino ai ghiacciai nel pieno della fioritura estiva.

Они собирали сладкие ягоды вблизи ледников в период их цветения.

I fiori che trovarono erano belli quanto quelli del Southland.

Цветы, которые они нашли, были такими же прекрасными, как и в Саутленде.

Quell'autunno giunsero in una regione solitaria piena di laghi silenziosi.

Осенью они достигли уединенного края, полного безмолвных озер.

La terra era triste e vuota, un tempo brulicava di uccelli e animali.

Земля была печальной и пустынной, когда-то на ней водились птицы и звери.

Ora non c'era più vita, solo il vento e il ghiaccio che si formava nelle pozze.

Теперь жизни не было, только ветер и лед, образующийся в лужах.

Le onde lambivano le rive deserte con un suono dolce e lugubre.

Волны плескались о пустые берега с тихим, скорбным звуком.

Arrivò un altro inverno e loro seguirono di nuovo deboli e vecchi sentieri.

Наступила еще одна зима, и они снова пошли по едва заметным старым следам.

Erano le tracce di uomini che avevano cercato molto prima di loro.

Это были следы людей, которые искали задолго до них.

Una volta trovarono un sentiero che si inoltrava nel profondo della foresta oscura.

Однажды они нашли тропу, ведущую глубоко в темный лес.

Era un vecchio sentiero e sentivano che la baita perduta era vicina.

Это была старая тропа, и они чувствовали, что затерянная хижина где-то рядом.

Ma il sentiero non portava da nessuna parte e si perdeva nel fitto del bosco.

Но тропа никуда не вела и терялась в густом лесу.

Nessuno sapeva chi avesse tracciato il sentiero e perché lo avesse fatto.

Кто и зачем проложил этот путь, никто не знает.

Più tardi trovarono i resti di una capanna nascosta tra gli alberi.

Позже они обнаружили руины домика, спрятанные среди деревьев.

Coperte marce erano sparse dove un tempo qualcuno aveva dormito.

Там, где когда-то кто-то спал, валялись гниющие одеяла.

John Thornton trovò sepolto all'interno un fucile a pietra focaia a canna lunga.

Джон Торнтон нашел внутри длинноствольное кремневое ружье.

Sapeva fin dai primi tempi che si trattava di un cannone della Hudson Bay.

Он знал, что это ружье из Гудзонова залива, еще с первых дней торговли.

A quei tempi, tali armi venivano barattate con pile di pelli di castoro.

В те времена такие ружья обменивались на стопки бобровых шкур.

Questo era tutto: non rimaneva alcuna traccia dell'uomo che aveva costruito la loggia.

Вот и все — никаких следов человека, построившего домик, не сохранилось.

Arrivò di nuovo la primavera e non trovarono traccia della Capanna Perduta.

Снова пришла весна, но они не нашли никаких следов Затерянной Хижины.

Invece trovarono un'ampia valle con un ruscello poco profondo.

Вместо этого они нашли широкую долину с неглубоким ручьем.

L'oro si stendeva sul fondo della pentola come burro giallo e liscio.

Золото растеклось по дну кастрюли, словно гладкое желтое масло.

Si fermarono lì e non cercarono oltre la cabina.

Там они остановились и больше не стали искать хижину.

Ogni giorno lavoravano e ne trovavano migliaia di pezzi in polvere d'oro.

Каждый день они работали и находили тысячи золотых рудников.

Confezionarono l'oro in sacchi di pelle di alce, da cinquanta libbre ciascuno.

Они упаковали золото в мешки из лосиной шкуры, по пятьдесят фунтов каждый.

I sacchi erano accatastati come legna da ardere fuori dal loro piccolo rifugio.

Мешки были сложены, словно дрова, возле их маленького домика.

Lavoravano come giganti e i giorni trascorrevano veloci come sogni.

Они трудились как гиганты, и дни пролетали как быстрые сны.

Accumularono tesori mentre gli infiniti giorni trascorrevano rapidamente.

Они копили сокровища, пока бесконечные дни быстро текли.

I cani avevano ben poco da fare, se non trasportare la carne di tanto in tanto.

Собакам почти нечем было заняться, разве что время от времени таскать мясо.

Thornton cacciò e uccise la selvaggina, mentre Buck si sdraiò accanto al fuoco.

Торнтон охотился и убивал дичь, а Бак лежал у костра.

Trascorse lunghe ore in silenzio, perso nei pensieri e nei ricordi.

Он проводил долгие часы в тишине, погруженный в мысли и воспоминания.

L'immagine dell'uomo peloso tornava sempre più spesso alla mente di Buck.

Образ волосатого человека все чаще приходил в голову Бэку.

Ora che il lavoro scarseggiava, Buck sognava mentre sbatteva le palpebre verso il fuoco.

Теперь, когда работы стало не хватать, Бак мечтал, моргая и глядя на огонь.

In quei sogni, Buck vagava con l'uomo in un altro mondo.

В этих снах Бак странствовал с этим человеком в другом мире.

La paura sembrava il sentimento più forte in quel mondo lontano.

Страх казался самым сильным чувством в том далеком мире.

Buck vide l'uomo peloso dormire con la testa bassa.

Бак увидел, как волосатый человек спит, низко опустив голову.

Aveva le mani giunte e il suo sonno era agitato e interrotto.

Руки его были сцеплены, сон беспокойный и прерывистый.

Si svegliava di soprassalto e fissava il buio con timore.

Он просыпался вздрагивая и со страхом смотрел в темноту.

Poi aggiungeva altra legna al fuoco per mantenere viva la fiamma.

Затем он подбрасывал в огонь еще дров, чтобы пламя оставалось ярким.

A volte camminavano lungo una spiaggia in riva a un mare grigio e infinito.

Иногда они гуляли по пляжу у серого, бескрайнего моря.

L'uomo peloso raccolse i frutti di mare e li mangiò mentre camminava.

Волосатый человек собирал моллюсков и ел их на ходу.

I suoi occhi cercavano sempre pericoli nascosti nell'ombra.

Его глаза всегда искали скрытые опасности в тенях.

Le sue gambe erano sempre pronte a scattare al primo segno di minaccia.

Его ноги всегда были готовы броситься вперед при первых признаках угрозы.

Avanzavano furtivamente nella foresta, silenziosi e cauti, uno accanto all'altro.

Они крались по лесу, молча и осторожно, бок о бок.

Buck lo seguì alle calcagna, ed entrambi rimasero all'erta.

Бак следовал за ним по пятам, и оба оставались начеку.

Le loro orecchie si muovevano e si contraevano, i loro nasi fiutavano l'aria.

Их уши дергались и двигались, носы нюхали воздух.

L'uomo riusciva a sentire e ad annusare la foresta in modo altrettanto acuto quanto Buck.

Мужчина мог слышать и чувствовать запах леса так же остро, как и Бак.

L'uomo peloso si lanciò tra gli alberi a velocità improvvisa.

Волосатый человек с неожиданной скоростью промчался сквозь деревья.

Saltava da un ramo all'altro senza mai perdere la presa.

Он прыгал с ветки на ветку, ни разу не ослабив хватки.

Si muoveva con la stessa rapidità con cui si muoveva sopra e sopra il terreno.

Он двигался над землей так же быстро, как и по ней.

Buck ricordava le lunghe notti passate sotto gli alberi a fare la guardia.

Бак вспомнил долгие ночи, проведенные под деревьями, на страже.

L'uomo dormiva appollaiato sui rami, aggrappandosi forte.

Мужчина спал, устроившись на ветвях и крепко прижавшись к ним.

Questa visione dell'uomo peloso era strettamente legata al richiamo profondo.

Это видение волосатого человека было тесно связано с глубинным зовом.

Il richiamo risuonava ancora nella foresta con una forza inquietante.

Зов все еще звучал в лесу с пугающей силой.

La chiamata riempì Buck di desiderio.e di un inquieto senso di gioia.

Этот зов наполнил Бака тоской и беспокойным чувством радости.

Sentì strani impulsi e stimoli a cui non riusciva a dare un nome.

Он чувствовал странные побуждения и движения, которым не мог дать названия.

A volte seguiva la chiamata inoltrandosi nel silenzio dei boschi.

Иногда он следовал зову в глубь тихих лесов.

Cercava il richiamo, abbaiando piano o bruscamente mentre camminava.

Он искал зов, тихо или резко лая на ходу.

Annusò il muschio e il terreno nero dove cresceva l'erba.

Он понюхал мох и черную почву там, где росла трава.

Sbuffò di piacere sentendo i ricchi odori della terra profonda.

Он фыркнул от восторга, вдыхая насыщенные запахи недр земли.

Rimase accovacciato per ore dietro i tronchi ricoperti di funghi.

Он часами сидел, пригнувшись, за стволами деревьев, покрытыми грибком.

Rimase immobile, ascoltando con gli occhi sgranati ogni minimo rumore.

Он замер, широко раскрытыми глазами прислушиваясь к каждому тихому звуку.

Forse sperava di sorprendere la cosa che aveva emesso la chiamata.

Возможно, он надеялся удивить то, что вызвало крик.

Non sapeva perché si comportava in quel modo: lo faceva e basta.

Он не знал, почему он так себя вёл, — он просто так себя вёл.

Questi impulsi provenivano dal profondo, al di là del pensiero o della ragione.

Побуждения исходили из глубины души, за пределами мысли и разума.

Buck fu colto da impulsi irresistibili, senza preavviso o motivo.

Непреодолимые желания овладели Баком без предупреждения и причины.

A volte sonnecchiava pigramente nell'accampamento, sotto il caldo di mezzogiorno.

Временами он лениво дремал в лагере под полуденной жарой.

All'improvviso sollevò la testa e le sue orecchie si drizzarono in allerta.

Внезапно он поднял голову и насторожился.

Poi balzò in piedi e si lanciò nella natura selvaggia senza fermarsi.

Затем он вскочил и, не останавливаясь, бросился в дикую природу.

Corse per ore attraverso sentieri forestali e spazi aperti.

Он часами бегал по лесным тропам и открытым пространствам.

Amava seguire i letti asciutti dei torrenti e spiare gli uccelli sugli alberi.

Он любил ходить по высохшим руслам ручьев и наблюдать за птицами на деревьях.

Poteva restare nascosto tutto il giorno, osservando le pernici che si pavoneggiavano in giro.

Он мог целый день лежать, спрятавшись, и наблюдать, как расхаживают куропатки.

Suonavano i tamburi e marciavano, ignari della presenza immobile di Buck.

Они барабанили и маршировали, не подозревая о присутствии Бака.

Ma ciò che amava di più era correre al crepuscolo estivo.

Но больше всего он любил бегать в сумерках летом.

La luce fioca e i suoni assonnati della foresta lo riempivano di gioia.

Тусклый свет и сонные звуки леса наполнили его радостью.

Leggeva i cartelli della foresta con la stessa chiarezza con cui un uomo legge un libro.

Он читал лесные знаки так же ясно, как человек читает книгу.

E cercava sempre la strana cosa che lo chiamava.

И он всегда искал нечто странное, что звало его.

Quella chiamata non si è mai fermata: lo raggiungeva sia da sveglio che nel sonno.

Этот зов никогда не прекращался — он доходил до него и во сне, и наяву.

Una notte si svegliò di soprassalto, con gli occhi acuti e le orecchie tese.

Однажды ночью он проснулся, вздрогнув, его глаза были напряжены, а уши подняты.

Le sue narici si contrassero mentre la sua criniera si rizzava in onde.

Его ноздри дрогнули, а грива встала дыбом.

Dal profondo della foresta giunse di nuovo quel suono, il vecchio richiamo.

Из глубины леса снова донесся звук, старый зов.

Questa volta il suono risuonò chiaro, un ululato lungo, inquietante e familiare.

На этот раз звук раздался отчетливо — долгий, пронзительный, знакомый вой.

Era come il verso di un husky, ma dal tono strano e selvaggio.

Это было похоже на крик хриплой собаки, но по тону оно было странным и диким.

Buck riconobbe subito quel suono: lo aveva già sentito molto tempo prima.

Бак сразу узнал этот звук — он слышал его уже давно.

Attraversò con un balzo l'accampamento e scomparve rapidamente nel bosco.

Он проскочил через лагерь и быстро скрылся в лесу.

Avvicinandosi al suono, rallentò e si mosse con cautela.

Приблизившись к источнику звука, он замедлил шаг и двигался осторожнее.

Presto raggiunse una radura tra fitti pini.

Вскоре он вышел на поляну среди густых сосен.

Lì, ritto sulle zampe posteriori, sedeva un lupo grigio alto e magro.

Там, выпрямившись на задних лапах, сидел высокий, поджарый лесной волк.

Il naso del lupo puntava verso il cielo, continuando a riecheggiare il richiamo.

Волчий нос был направлен в небо, все еще повторяя зов.

Buck non aveva emesso alcun suono, eppure il lupo si fermò e ascoltò.

Бэк не издал ни звука, но волк остановился и прислушался.

Percependo qualcosa, il lupo si irrigidì e scrutò l'oscurità.

Почувствовав что-то, волк напрягся, всматриваясь в темноту.

Buck si fece avanti furtivamente, con il corpo basso e i piedi ben appoggiati al terreno.

Бак подкрался к нам, пригнувшись и бесшумно ступая по земле.

La sua coda era dritta e il suo corpo era teso e teso.

Его хвост был выпрямлен, тело напряжено.

Manifestava sia un atteggiamento minaccioso che una sorta di rude amicizia.

Он демонстрировал как угрозу, так и своего рода грубую дружбу.

Era il saluto cauto tipico delle bestie selvatiche.

Это было настороженное приветствие, характерное для диких зверей.

Ma il lupo si voltò e fuggì non appena vide Buck.

Но волк повернулся и убежал, как только увидел Бэка.

Buck si lanciò all'inseguimento, saltando selvaggiamente, desideroso di raggiungerlo.

Бэк бросился в погоню, дико подпрыгивая, стремясь догнать его.

Seguì il lupo in un ruscello secco bloccato da un ingorgo di tronchi.

Он последовал за волком в высохший ручей, перекрытый затором из деревьев.

Messo alle strette, il lupo si voltò e rimase fermo.

Загнанный в угол волк развернулся и остался стоять на месте.

Il lupo ringhiò e schioccò i denti come un husky intrappolato in una rissa.

Волк зарычал и зарычал, словно попавшая в ловушку хаски, готовая к драке.

I denti del lupo schioccarono rapidamente e il suo corpo si irrigidì per la furia selvaggia.

Зубы волка быстро щелкали, его тело ощетинилось дикой яростью.

Buck non attaccò, ma girò intorno al lupo con attenta cordialità.

Бэк не нападал, а кружил вокруг волка с осторожным дружелюбием.

Cercò di bloccargli la fuga con movimenti lenti e innocui.

Он пытался воспрепятствовать побегу медленными, безвредными движениями.

Il lupo era cauto e spaventato: Buck lo superava di peso tre volte.

Волк был осторожен и напуган — Бак был тяжелее его в три раза.

La testa del lupo arrivava a malapena all'altezza della spalla massiccia di Buck.

Голова волка едва доставала до массивного плеча Бака.

Il lupo, attento a individuare un varco, si lanciò e l'inseguimento ricominciò.

Выжидая появления просвета, волк рванул с места, и погоня возобновилась.

Buck lo mise alle strette più volte e la danza si ripeté.

Несколько раз Бак загонял его в угол, и танец повторялся.

Il lupo era magro e debole, altrimenti Buck non avrebbe potuto catturarlo.

Волк был худым и слабым, иначе Бак не смог бы его поймать.

Ogni volta che Buck si avvicinava, il lupo si girava di scatto e lo affrontava spaventato.

Каждый раз, когда Бак приближался, волк оборачивался и в страхе смотрел на него.

Poi, alla prima occasione, si precipitò di nuovo nel bosco.

Затем при первой же возможности он снова бросился в лес.

Ma Buck non si arrese e alla fine il lupo imparò a fidarsi di lui.

Но Бак не сдавался, и в конце концов волк стал ему доверять.

Annusò il naso di Buck e i due diventarono giocosi e attenti.

Он понюхал нос Бака, и они оба стали игривыми и настороженными.

Giocavano come animali selvaggi, feroci ma timidi nella loro gioia.

Они играли, как дикие животные, свирепые и в то же время застенчивые в своей радости.

Dopo un po' il lupo trotterellò via con calma e decisione.

Через некоторое время волк спокойно и целеустремленно побежал прочь.

Dimostrò chiaramente a Buck che intendeva essere seguito.

Он ясно дал понять Бак, что намерен следовать за ним.

Correvano fianco a fianco nel buio della sera.

Они бежали бок о бок сквозь сумеречный мрак.

Seguirono il letto del torrente fino alla gola rocciosa.

Они прошли по руслу ручья вверх в каменистое ущелье.

Attraversarono un freddo spartiacque nel punto in cui aveva avuto origine il fiume.

Они пересекли холодный водораздел там, где начинался ручей.

Sul pendio più lontano trovarono un'ampia foresta e molti corsi d'acqua.

На дальнем склоне они обнаружили большой лес и множество ручьев.

Corsero per ore senza fermarsi attraverso quella terra immensa.

Они бежали по этой огромной земле часами, не останавливаясь.

Il sole saliva sempre più alto, l'aria si faceva calda, ma loro continuavano a correre.

Солнце поднялось выше, воздух стал теплее, но они продолжали бежать.

Buck era pieno di gioia: sapeva di aver risposto alla sua chiamata.

Бак был полон радости — он знал, что отвечает своему призванию.

Corse accanto al fratello della foresta, più vicino alla fonte della chiamata.

Он побежал рядом со своим лесным братом, поближе к источнику зова.

I vecchi sentimenti ritornano, potenti e difficili da ignorare.

Вернулись старые чувства, сильные и их трудно игнорировать.

Queste erano le verità nascoste nei ricordi dei suoi sogni.

Такова была правда, стоящая за воспоминаниями из его снов.

Tutto questo lo aveva già fatto in un mondo lontano e oscuro.

Все это он уже делал раньше в далеком и темном мире.

Questa volta lo fece di nuovo, scatenandosi con il cielo aperto sopra di lui.

Теперь он сделал это снова, дико бегая под открытым небом.

Si fermarono presso un ruscello per bere l'acqua fredda che scorreva.

Они остановились у ручья, чтобы напиться холодной воды.

Mentre beveva, Buck si ricordò improvvisamente di John Thornton.

Выпив, Бак вдруг вспомнил Джона Торнтона.

Si sedette in silenzio, lacerato dal sentimento di lealtà e dalla chiamata.

Он сел в тишине, раздираемый чувством преданности и призвания.

Il lupo continuò a trottare, ma tornò indietro per incitare Buck ad andare avanti.

Волк побежал дальше, но вернулся, чтобы подгонять Бэка вперед.

Gli annusò il naso e cercò di convincerlo con gesti gentili.

Он понюхал его нос и попытался уговорить мягкими жестами.

Ma Buck si voltò e riprese a tornare indietro per la strada da cui era venuto.

Но Бак повернулся и пошел обратно тем же путем, которым пришел.

Il lupo gli corse accanto per molto tempo, guaindo piano.

Волк долго бежал рядом с ним, тихонько скуля.

Poi si sedette, alzò il naso ed emise un lungo ululato.

Затем он сел, поднял нос и издал протяжный вой.

Era un grido lugubre, che si addolcì mentre Buck si allontanava.

Это был скорбный крик, стихший, когда Бак ушел.

Buck ascoltò mentre il suono del grido svaniva lentamente nel silenzio della foresta.

Бак слушал, как звук крика медленно затихает в тишине леса.

John Thornton stava cenando quando Buck irruppe nell'accampamento.

Джон Торнтон ужинал, когда в лагерь ворвался Бак.

Buck gli saltò addosso selvaggiamente, leccandolo, mordendolo e facendolo rotolare.

Бэк яростно набросился на него, облизывая, кусая и опрокидывая его.

Lo fece cadere, gli saltò sopra e gli baciò il viso.

Он повалил его на землю, вскарабкался на него и поцеловал его лицо.

Thornton lo definì con affetto "fare il buffone".

Торнтон с любовью называл это «игрой в дурака».

Nel frattempo, imprecava dolcemente contro Buck e lo scuoteva avanti e indietro.

Все это время он тихонько ругал Бака и тряс его взад-вперед.

Per due interi giorni e due notti, Buck non lasciò l'accampamento nemmeno una volta.

За целых два дня и две ночи Бак ни разу не покинул лагерь.

Si teneva vicino a Thornton e non lo perdeva mai di vista.

Он держался рядом с Торнтоном и не выпускал его из виду.

Lo seguiva mentre lavorava e lo osservava mentre mangiava.

Он следовал за ним, пока тот работал, и наблюдал за ним, пока тот ел.

Di notte vedeva Thornton avvolto nelle sue coperte e ogni mattina lo vedeva uscire.

Он видел, как Торнтон заворачивался в одеяло ночью и вылезал каждое утро.

Ma presto il richiamo della foresta ritornò, più forte che mai.

Но вскоре зов леса вернулся, громче, чем когда-либо прежде.

Buck si sentì di nuovo irrequieto, agitato dal pensiero del lupo selvatico.

Бэк снова забеспокоился, разбуженный мыслями о диком волке.

Ricordava la terra aperta e le corse fianco a fianco.

Он вспомнил открытую местность и бег бок о бок.

Ricominciò a vagare nella foresta, solo e vigile.

Он снова начал бродить по лесу, один и настороженный.

Ma il fratello selvaggio non tornò e l'ululato non fu udito.

Но дикий брат не вернулся, и воя не было слышно.

Buck cominciò a dormire all'aperto, restando lontano anche per giorni interi.

Бак начал спать на улице, иногда отсутствуя по несколько дней.

Una volta attraversò l'alto spartiacque dove aveva origine il torrente.

Однажды он пересек высокий водораздел, где начинался ручей.

Entrò nella terra degli alberi scuri e dei grandi corsi d'acqua.

Он вошел в страну темного леса и широких ручьев.

Vagò per una settimana alla ricerca di tracce del fratello selvaggio.

Целую неделю он бродил, выискивая следы дикого брата.

Uccideva la propria carne e viaggiava a passi lunghi e instancabili.

Он сам убивал себе добычу и путешествовал большими, неутомимыми шагами.

Pescò salmoni in un ampio fiume che arrivava fino al mare.

Он ловил лосося в широкой реке, впадающей в море.

Lì lottò e uccise un orso nero reso pazzo dagli insetti.

Там он сразился и убил черного медведя, обезумевшего от насекомых.

L'orso stava pescando e corse alla cieca tra gli alberi.

Медведь ловил рыбу и слепо бежал между деревьями.

La battaglia fu feroce e risvegliò il profondo spirito combattivo di Buck.

Битва была жестокой и пробудила в Баке глубокий боевой дух.

Due giorni dopo, Buck tornò e trovò dei ghiottoni nei pressi della sua preda.

Два дня спустя Бак вернулся и обнаружил росомах возле своей добычи.

Una dozzina di loro litigarono furiosamente e rumorosamente per la carne.

Дюжина из них в шумной ярости ссорилась из-за мяса.

Buck caricò e li disperse come foglie al vento.

Бак бросился на них и разбросал их, словно листья по ветру.

Due lupi rimasero indietro: silenziosi, senza vita e immobili per sempre.

Остались два волка — безмолвные, безжизненные и неподвижные навсегда.

La sete di sangue divenne più forte che mai.

Жажда крови стала сильнее, чем когда-либо.

Buck era un cacciatore, un assassino, che si nutriva di creature viventi.

Бак был охотником, убийцей, питающимся живыми существами.

Sopravvisse da solo, affidandosi alla sua forza e ai suoi sensi acuti.

Он выжил в одиночку, полагаясь на свою силу и острые чувства.

Prosperava nella natura selvaggia, dove solo i più forti potevano sopravvivere.

Он прекрасно себя чувствовал в дикой природе, где могли выжить только самые выносливые.

Da ciò nacque un grande orgoglio che riempì tutto l'essere di Buck.

От этого огромная гордость поднялась и наполнила все существо Бэка.

Il suo orgoglio traspariva da ogni passo, dal fremito di ogni muscolo.

Его гордость проявлялась в каждом шаге, в движении каждого мускула.

Il suo orgoglio era evidente, come si vedeva dal suo comportamento.

Его гордость была столь же очевидна, как и речь, и это было видно по тому, как он себя держал.

Persino il suo spesso mantello appariva più maestoso e splendeva di più.

Даже его густая шерсть выглядела величественнее и блестела ярче.

Buck avrebbe potuto essere scambiato per un lupo grigio gigante.

Бака можно было бы принять за гигантского лесного волка.

A parte il marrone sul muso e le macchie sopra gli occhi.

За исключением коричневого цвета на морде и пятен над глазами.

E la striscia bianca di pelo che gli correva lungo il centro del petto.

И белая полоска меха, тянущаяся по центру его груди.

Era addirittura più grande del più grande lupo di quella feroce razza.

Он был даже крупнее самого крупного волка этой свирепой породы.

Suo padre, un San Bernardo, gli ha trasmesso la stazza e la corporatura robusta.

Его отец, сенбернар, передал ему крупные размеры и крепкое телосложение.

Sua madre, una pastorella, plasmò quella mole conferendole la forma di un lupo.

Его мать, пастух, придала этому существу форму волка.

Aveva il muso lungo di un lupo, anche se più pesante e largo.

У него была длинная морда волка, хотя и более тяжелая и широкая.

La sua testa era quella di un lupo, ma di dimensioni enormi e maestose.

Голова у него была волчья, но массивная и величественная.

L'astuzia di Buck era l'astuzia del lupo e della natura selvaggia.

Хитрость Бэка была хитростью волка и дикой природы.

La sua intelligenza gli venne sia dal Pastore Tedesco che dal San Bernardo.

Его интеллект унаследован от немецкой овчарки и сенбернара.

Tutto ciò, unito alla dura esperienza, lo rese una creatura temibile.

Все это, а также суровый опыт, сделали его грозным существом.

Era formidabile quanto qualsiasi animale che vagasse nelle terre selvagge del nord.

Он был столь же грозен, как и любой зверь, бродивший в северных дебрях.

Nutrendosi solo di carne, Buck raggiunse l'apice della sua forza.

Питаясь только мясом, Бак достиг пика своей силы.

Trasudava potenza e forza maschile in ogni fibra del suo corpo.

Он был переполнен силой и мужской мощью в каждой клеточке своего тела.

Quando Thornton gli accarezzò la schiena, i peli brillarono di energia.

Когда Торнтон гладил его по спине, волосы вспыхивали энергией.

Ogni capello scricchiolava, carico del tocco di un magnetismo vivente.

Каждый волосок потрескивал, заряженный прикосновением живого магнетизма.

Il suo corpo e il suo cervello erano sintonizzati sulla tonalità più fine possibile.

Его тело и мозг были настроены на максимально возможный тон.

Ogni nervo, ogni fibra e ogni muscolo lavoravano in perfetta armonia.

Каждый нерв, волокно и мышца работали в идеальной гармонии.

A qualsiasi suono o visione che richiedesse un intervento, rispondeva immediatamente.

На любой звук или вид, требующий действия, он реагировал мгновенно.

Se un husky saltava per attaccare, Buck poteva saltare due volte più velocemente.

Если хаски прыгнет, чтобы напасть, Бак сможет прыгнуть в два раза быстрее.

Reagì più rapidamente di quanto gli altri potessero vedere o sentire.

Он отреагировал быстрее, чем другие могли увидеть или услышать.

Percezione, decisione e azione avvennero tutte in un unico, fluido istante.

Восприятие, решение и действие произошли в один плавный момент.

In realtà si tratta di atti separati, ma troppo rapidi per essere notati.

На самом деле эти действия были отдельными, но слишком быстрыми, чтобы их можно было заметить.

Gli intervalli tra questi atti erano così brevi che sembravano uno solo.

Промежутки между этими актами были настолько короткими, что они казались одним целым.

I suoi muscoli e il suo essere erano come molle strettamente avvolte.

Его мускулы и все его существо были подобны туго сжатым пружинам.

Il suo corpo traboccava di vita, selvaggia e gioiosa nella sua potenza.

Его тело наполнилось жизнью, дикой и радостной в своей силе.

A volte aveva la sensazione che la forza stesse per esplodere completamente dentro di lui.

Временами ему казалось, что сила вот-вот вырвется из него наружу.

"Non c'è mai stato un cane simile", disse Thornton un giorno tranquillo.

«Никогда не было такой собаки», — сказал Торнтон в один тихий день.

I soci osservarono Buck uscire fiero dall'accampamento.

Партнеры наблюдали, как Бак гордо покидает лагерь.

"Quando è stato creato, ha cambiato il modo in cui un cane può essere", ha detto Pete.

«Когда он был создан, он изменил то, какой может быть собака», — сказал Пит.

"Per Dio! Lo penso anch'io", concordò subito Hans.

«Клянусь Иисусом! Я и сам так думаю», — быстро согласился Ганс.

Lo videro allontanarsi, ma non il cambiamento che avvenne dopo.

Они видели, как он ушел, но не видели перемен, которые произошли после этого.

Non appena entrò nel bosco, Buck si trasformò completamente.

Как только Бак вошел в лес, он полностью преобразился.

Non marciava più, ma si muoveva come uno spettro selvaggio tra gli alberi.

Он больше не маршировал, а двигался, как дикий призрак, среди деревьев.

Divenne silenzioso, come un gatto, un bagliore che attraversava le ombre.

Он стал молчаливым, кошачьим, словно промелькнувшим среди теней.

Usava la copertura con abilità, strisciando sulla pancia come un serpente.

Он умело пользовался укрытием, ползая на животе, как змея.

E come un serpente, sapeva balzare in avanti e colpire in silenzio.

И подобно змее, он мог прыгнуть вперед и нанести удар бесшумно.

Potrebbe rubare una pernice bianca direttamente dal suo nido nascosto.

Он мог украсть куропатку прямо из ее скрытого гнезда.

Uccideva i conigli addormentati senza emettere alcun suono.

Он убивал спящих кроликов, не издавая ни единого звука.

Riusciva a catturare gli scoiattoli a mezz'aria anche se fuggivano troppo lentamente.

Он мог ловить бурундуков в воздухе, поскольку они летели слишком медленно.

Nemmeno i pesci nelle pozze riuscivano a sfuggire ai suoi attacchi improvvisi.

Даже рыба в пруду не могла избежать его внезапных ударов.

Nemmeno i furbi castori impegnati a riparare le dighe erano al sicuro da lui.

Даже умные бобры, строящие плотины, не были от него в безопасности.

Uccideva per nutrirsi, non per divertirsi, ma preferiva uccidere le proprie vittime.

Он убивал ради еды, а не ради развлечения, но больше всего ему нравилось убивать своих собственных жертв.

Eppure, un umorismo subdolo permeava alcune delle sue cacce silenziose.

Тем не менее, в некоторых из его молчаливых охот присутствовал лукавый юмор.

Si avvicinò furtivamente agli scoiattoli, solo per lasciarli scappare.

Он подкрался к белкам вплотную, но тут же позволил им убежать.

Stavano per fuggire tra gli alberi, chiacchierando con rabbia e paura.

Они собирались убежать к деревьям, крича от страха и ярости.

Con l'arrivo dell'autunno, le alci cominciarono ad apparire in numero maggiore.

С наступлением осени лоси стали появляться в больших количествах.

Si spostarono lentamente verso le basse valli per affrontare l'inverno.

Они медленно двинулись в низкие долины, чтобы встретить зиму.

Buck aveva già abbattuto un giovane vitello randagio.

Бак уже подстрелил одного молодого отбившегося от стада теленка.

Ma lui desiderava ardentemente affrontare prede più grandi e pericolose.

Но ему хотелось столкнуться с более крупной и опасной добычей.

Un giorno, sul crinale, alla sorgente del torrente, trovò la sua occasione.

Однажды на водоразделе, у истока ручья, ему представился шанс.

Una mandria di venti alci era giunta da terre boscose.

Стадо из двадцати лосей перешло дорогу из лесных угодий.

Tra loro c'era un possente toro, il capo del gruppo.

Среди них был могучий бык, вожак группы.

Il toro era alto più di due metri e mezzo e appariva feroce e selvaggio.

Бык был ростом более шести футов и выглядел свирепым и диким.

Lanciò le sue grandi corna, le cui quattordici punte si diramavano verso l'esterno.

Он вскинул свои широкие рога, четырнадцать отростков которых расходились наружу.

Le punte di quelle corna si estendevano per due metri.

Кончики этих рогов достигали семи футов в поперечнике.

I suoi piccoli occhi ardevano di rabbia quando vide Buck lì vicino.

Его маленькие глаза вспыхнули яростью, когда он заметил неподалеку Бака.

Emise un ruggito furioso, tremando di rabbia e dolore.

Он издал яростный рев, дрожа от ярости и боли.

Vicino al suo fianco spuntava la punta di una freccia, appuntita e piumata.

Возле его бока торчал наконечник стрелы, оперенный и острый.

Questa ferita contribuì a spiegare il suo umore selvaggio e amareggiato.

Эта рана помогла объяснить его дикое, озлобленное настроение.

Buck, guidato dall'antico istinto di caccia, fece la sua mossa.

Бэк, ведомый древним охотничьим инстинктом, сделал свой ход.

Il suo obiettivo era separare il toro dal resto della mandria.

Его цель — отделить быка от остального стада.

Non era un compito facile: richiedeva velocità e una grande astuzia.

Это была непростая задача — требовались скорость и жестокая хитрость.

Abbaiava e danzava vicino al toro, appena fuori dalla sua portata.

Он лаял и танцевал рядом с быком, но вне досягаемости.

L'alce si lanciò con enormi zoccoli e corna mortali.

Лось бросился вперед, выставив огромные копыта и смертоносные рога.

Un colpo avrebbe potuto porre fine alla vita di Buck in un batter d'occhio.

Один удар мог бы оборвать жизнь Бака в одно мгновение.

Incapace di abbandonare la minaccia, il toro si infuriò.

Не в силах оставить угрозу позади, бык взбесился.

Lui caricava con furia, ma Buck riusciva sempre a sfuggirgli.

Он яростно бросался в атаку, но Бак всегда ускользал.

Buck finse di essere debole, allontanandosi ulteriormente dalla mandria.

Бэк притворился слабым, уводя его подальше от стада.

Ma i giovani tori sarebbero tornati alla carica per proteggere il capo.

Но молодые быки собирались броситься в атаку, чтобы защитить вожака.

Costrinsero Buck a ritirarsi e il toro a ricongiungersi al gruppo.

Они заставили Бэка отступить, а быка — присоединиться к группе.

C'è una pazienza nella natura selvaggia, profonda e inarrestabile.

В дикой природе есть терпение, глубокое и неудержимое.

Un ragno resta immobile nella sua tela per innumerevoli ore.

Паук неподвижно ждет в своей паутине бесчисленное количество часов.

Un serpente si avvolge su se stesso senza contrarsi e aspetta il momento giusto.

Змея извивается, не дергаясь, и ждет своего часа.

Una pantera è in agguato, finché non arriva il momento.

Пантера затаилась в засаде, пока не настал подходящий момент.

Questa è la pazienza dei predatori che cacciano per sopravvivere.

Это терпение хищников, которые охотятся, чтобы выжить.

La stessa pazienza ardeva dentro Buck mentre gli restava accanto.

То же самое терпение горело внутри Бака, пока он оставался рядом.

Rimase vicino alla mandria, rallentandone la marcia e incutendo timore.

Он держался рядом со стадом, замедляя его движение и нагоняя страх.

Provocava i giovani tori e molestava le mucche madri.

Он дразнил молодых быков и приставал к коровам-матерям.

Spinse il toro ferito in una rabbia ancora più profonda e impotente.

Он довел раненого быка до еще более глубокой, беспомощной ярости.

Per mezza giornata il combattimento si trascinò senza alcuna tregua.

Бой продолжался полдня без малейшего перерыва.

Buck attaccò da ogni angolazione, veloce e feroce come il vento.

Бак атаковал со всех сторон, быстро и яростно, как ветер.

Impedì al toro di riposare o di nascondersi con la mandria.

Он не давал быку отдыхать или прятаться в стаде.

Buck logorò la volontà dell'alce più velocemente del suo corpo.

Бэк истощил волю лося быстрее, чем его тело.

Il giorno passò e il sole tramontò basso nel cielo a nord-ovest.

Прошел день, и солнце опустилось низко на северо-западе неба.

I giovani tori tornarono più lentamente per aiutare il loro capo.

Молодые быки вернулись медленнее, чтобы помочь своему вожаку.

Erano tornate le notti autunnali e il buio durava ormai sei ore.

Вернулись осенние ночи, и темнота теперь длилась шесть часов.

L'inverno li spingeva verso valli più sicure e calde.

Зима вынуждала их спускаться вниз, в более безопасные и теплые долины.

Ma non riuscirono comunque a sfuggire al cacciatore che li tratteneva.

Но им все равно не удалось убежать от охотника, который их удерживал.

Era in gioco solo una vita: non quella del branco, ma quella del loro capo.

На карту была поставлена только одна жизнь — не стада, а их вожака.

Ciò rendeva la minaccia lontana e non una loro preoccupazione urgente.

Это сделало угрозу отдаленной и не вызывающей их первоочередных беспокойств.

Col tempo accettarono questo prezzo e lasciarono che Buck prendesse il vecchio toro.

Со временем они смирились с этой ценой и позволили Бак забрать старого быка.

Mentre calava il crepuscolo, il vecchio toro rimase in piedi con la testa bassa.

Когда наступили сумерки, старый бык стоял, опустив голову.

Guardò la mandria che aveva guidato svanire nella luce morente.

Он наблюдал, как стадо, которое он вел, исчезло в угасающем свете.

C'erano mucche che aveva conosciuto, vitelli che un tempo aveva generato.

Там были коровы, которых он знал, и телята, которых он когда-то был отцом.

C'erano tori più giovani con cui aveva combattuto e che aveva dominato nelle stagioni passate.

В прошлые сезоны он сражался и правил быками помоложе.

Non poteva seguirli, perché davanti a lui era di nuovo accovacciato Buck.

Он не мог последовать за ними, потому что перед ним снова присел Бэк.

Il terrore spietato e zannuto gli bloccava ogni via che potesse percorrere.

Беспощадный клыкастый ужас преградил ему все пути.

Il toro pesava più di trecento chili di potenza densa.

Бык весил более трехсот фунтов плотной силы.

Aveva vissuto a lungo e lottato duramente in un mondo di difficoltà.

Он прожил долгую жизнь и упорно боролся в мире борьбы.

Eppure, alla fine, la morte gli venne commessa da una bestia molto più bassa di lui.

Но теперь, в конце концов, смерть пришла от зверя, находившегося далеко внизу.

La testa di Buck non arrivò nemmeno alle enormi ginocchia noccate del toro.

Голова Бэка даже не поднялась до огромных колен быка с костлявыми суставами.

Da quel momento in poi, Buck rimase con il toro notte e giorno.

С этого момента Бак оставался с быком день и ночь.

Non gli dava mai tregua, non gli permetteva mai di brucare o bere.

Он никогда не давал ему покоя, никогда не позволял ему пастись или пить.

Il toro cercò di mangiare giovani germogli di betulla e foglie di salice.

Бык пытался есть молодые побеги березы и листья ивы.

Ma Buck lo scacciò, sempre all'erta e sempre all'attacco.

Но Бак отогнал его, всегда настороженный и всегда атакующий.

Anche nei torrenti che scorrevano, Buck bloccava ogni assetato tentativo.

Даже у тонких ручьев Бак блокировал все попытки утолить жажду.

A volte, in preda alla disperazione, il toro fuggiva a tutta velocità.

Иногда, отчаявшись, бык бежал со всей скоростью.

Buck lo lasciò correre, avanzando tranquillamente dietro di lui, senza mai allontanarsi troppo.

Бак позволил ему бежать, спокойно скакая позади, но не отставая далеко.

Quando l'alce si fermò, Buck si sdraiò, ma rimase pronto.
Когда лось остановился, Бак лег, но остался наготове.

Se il toro provava a mangiare o a bere, Buck colpiva con tutta la sua furia.
Если бык пытался есть или пить, Бак наносил удар со всей яростью.

La grande testa del toro si abbassava sotto le enormi corna.
Огромная голова быка опустилась еще ниже под его огромными рогами.

Il suo passo rallentò, il trotto divenne pesante, un'andatura barcollante.
Его шаг замедлился, рысь стала тяжелой, спотыкающейся.

Spesso restava immobile con le orecchie abbassate e il naso rivolto verso il terreno.
Он часто стоял неподвижно, опустив уши и опустив нос к земле.

In quei momenti Buck si prese del tempo per bere e riposare.
В такие моменты Бак находил время, чтобы попить и отдохнуть.

Con la lingua fuori e gli occhi fissi, Buck sentì che la terra stava cambiando.
Высунув язык и не отрывая глаз, Бак почувствовал, что земля меняется.

Sentì qualcosa di nuovo muoversi nella foresta e nel cielo.
Он почувствовал, как что-то новое движется по лесу и небу.

Con il ritorno delle alci tornarono anche altre creature selvatiche.
С возвращением лосей вернулись и другие дикие животные.

La terra sembrava viva di una presenza invisibile ma fortemente nota.
Земля ощущалась живой и невидимой, но отчетливо знакомой.

Buck non lo sapeva tramite l'udito, la vista o l'olfatto.

Бак узнал об этом не по звуку, не по виду и не по запаху.

Un sentimento più profondo gli diceva che nuove forze erano in movimento.

Глубокое чувство подсказывало ему, что наступают новые силы.

Una strana vita si agitava nei boschi e lungo i corsi d'acqua.

В лесах и вдоль ручьев кипела странная жизнь.

Decise di esplorare questo spirito una volta completata la caccia.

Он решил исследовать этого духа после того, как охота будет завершена.

Il quarto giorno, Buck riuscì finalmente a catturare l'alce.

На четвертый день Бак наконец завалил лося.

Rimase nei pressi della preda per un giorno e una notte interi, nutrendosi e riposandosi.

Он оставался возле добычи целый день и ночь, питаясь и отдыхая.

Mangiò, poi dormì, poi mangiò ancora, finché non fu forte e sazio.

Он ел, потом спал, потом снова ел, пока не стал сильным и сытым.

Quando fu pronto, tornò indietro verso l'accampamento e Thornton.

Когда он был готов, он повернул обратно к лагерю и Торнтону.

Con passo costante iniziò il lungo viaggio di ritorno verso casa.

Равномерно шагая, он начал долгий обратный путь домой.

Correva con la sua andatura instancabile, ora dopo ora, senza mai smarrirsi.

Он бежал своим неутомимым шагом час за часом, ни разу не сбившись с пути.

Attraverso terre sconosciute, si muoveva dritto come l'ago di una bussola.

Через неизведанные земли он двигался прямолинейно, как стрелка компаса.

Il suo senso dell'orientamento faceva sembrare deboli, al confronto, l'uomo e la mappa.

По сравнению с его чувством направления человек и карта кажутся слабыми.

Mentre Buck correva, sentiva sempre più forte l'agitazione nella terra selvaggia.

По мере того, как Бак бежал, он все сильнее ощущал движение в дикой местности.

Era un nuovo tipo di vita, diverso da quello dei tranquilli mesi estivi.

Это был новый образ жизни, непохожий на спокойные летние месяцы.

Questa sensazione non giungeva più come un messaggio sottile o distante.

Это чувство больше не было тонким или отдаленным посланием.

Ora gli uccelli parlavano di questa vita e gli scoiattoli chiacchieravano.

Теперь птицы говорили об этой жизни, и белки болтали о ней.

Persino la brezza sussurrava avvertimenti tra gli alberi silenziosi.

Даже ветерок нашептывал предупреждения сквозь безмолвные деревья.

Più volte si fermò ad annusare l'aria fresca del mattino.

Несколько раз он останавливался и вдыхал свежий утренний воздух.

Lì lesse un messaggio che lo fece fare un balzo in avanti più velocemente.

Он прочитал там сообщение, которое заставило его быстрее прыгнуть вперед.

Fu pervaso da un forte senso di pericolo, come se qualcosa fosse andato storto.

Его охватило сильное чувство опасности, словно что-то пошло не так.

Temeva che la calamità stesse per arrivare, o che fosse già arrivata.

Он боялся, что надвигается беда — или уже наступила.

Superò l'ultima cresta ed entrò nella valle sottostante.

Он пересёк последний хребет и вошел в долину внизу.

Si muoveva più lentamente, attento e cauto a ogni passo.

Он двигался медленнее, с каждым шагом становясь все
более внимательным и осторожным.

Dopo tre miglia trovò una pista fresca che lo fece irrigidire.

Через три мили он обнаружил свежий след, заставивший
его напрячься.

I peli sul collo si rizzarono e si rizzarono in segno di allarme.

Волосы на его шее встали дыбом от беспокойства.

**Il sentiero portava dritto all'accampamento dove Thornton
aspettava.**

Тропа вела прямо к лагерю, где ждал Торнтон.

**Buck ora si muoveva più velocemente, con passi silenziosi e
rapidi.**

Бак теперь двигался быстрее, его шаги были одновременно
тихими и быстрыми.

**I suoi nervi si irrigidirono mentre leggeva segnali che altri
non avrebbero notato.**

Его нервы напряглись, когда он увидел признаки того, что
другие могли их не заметить.

**Ogni dettaglio del percorso raccontava una storia, tranne
l'ultimo pezzo.**

Каждая деталь на тропе рассказывала историю, за
исключением последней.

Il suo naso gli raccontò della vita che aveva trascorso lì.

Его нос рассказал ему о жизни, прошедшей таким
образом.

**L'odore gli fornì un'immagine mutevole mentre lo seguiva
da vicino.**

Запах создавал у него меняющуюся картину, пока он шел
следом.

**Ma la foresta stessa era diventata silenziosa, innaturalmente
immobile.**

Но сам лес затих; стало неестественно тихо.

Gli uccelli erano scomparsi, gli scoiattoli erano nascosti, silenziosi e immobili.

Птицы исчезли, белки спрятались, затихли и замерли.

Vide solo uno scoiattolo grigio, sdraiato su un albero morto.

Он увидел только одну серую белку, лежащую на мертвом дереве.

Lo scoiattolo si mimetizzava, rigido e immobile come una parte della foresta.

Белка слилась с окружающей средой, застыв и неподвижно, словно часть леса.

Buck si muoveva come un'ombra, silenzioso e sicuro tra gli alberi.

Бак двигался среди деревьев словно тень, бесшумно и уверенно.

Il suo naso si mosse di lato come se fosse stato tirato da una mano invisibile.

Его нос дернулся в сторону, словно его тянула невидимая рука.

Si voltò e seguì il nuovo odore nel profondo di un boschetto.

Он повернулся и пошел на новый запах в глубь зарослей.

Lì trovò Nig, steso morto, trafitto da una freccia.

Там он нашел Нига, лежащего мертвым, пронзенным стрелой.

La freccia gli attraversò il corpo, lasciando ancora visibili le piume.

Стрела прошла сквозь его тело, перья все еще были видны.

Nig si era trascinato fin lì, ma era morto prima di riuscire a raggiungere i soccorsi.

Ниг дотащился туда сам, но умер, не дождавшись помощи.

Cento metri più avanti, Buck trovò un altro cane da slitta.

Через сотню ярдов Бак обнаружил еще одну ездовую собаку.

Era un cane che Thornton aveva comprato a Dawson City.

Это была собака, которую Торнтон купил в Доусон-Сити.

Il cane lottava con tutte le sue forze, dimenandosi violentemente sul sentiero.

Собака билась не на жизнь, а на смерть, изо всех сил пытаясь удержаться на тропе.

Buck gli passò accanto senza fermarsi, con gli occhi fissi davanti a sé.

Бак обошёл его, не останавливаясь и устремив взгляд вперёд.

Dalla direzione dell'accampamento proveniva un canto lontano e ritmico.

Со стороны лагеря доносилось далекое ритмичное пение.

Le voci si alzavano e si abbassavano con un tono strano, inquietante, cantilenante.

Голоса то усиливались, то затихали в странном, жутком, монотонном тоне.

Buck strisciò in silenzio fino al limite della radura.

Бак молча пополз к краю поляны.

Lì vide Hans disteso a faccia in giù, trafitto da numerose frecce.

Там он увидел Ганса, лежащего ничком, пронзенного множеством стрел.

Il suo corpo sembrava quello di un porcospino, irto di penne.

Его тело напоминало дикобраза, ощетинившегося пернатыми стрелами.

Nello stesso momento, Buck guardò verso la capanna in rovina.

В тот же момент Бак посмотрел в сторону разрушенного домика.

Quella vista gli fece rizzare i capelli sul collo e sulle spalle.

От этого зрелища волосы на его шее и плечах встали дыбом.

Un'ondata di rabbia selvaggia travolse tutto il corpo di Buck.

Буря дикой ярости охватила все тело Бака.

Ringhiò forte, anche se non ne era consapevole.

Он громко зарычал, хотя и не знал об этом.

Il suono era crudo, pieno di una furia terrificante e selvaggia.

Звук был грубым, наполненным ужасающей, дикой яростью.

Per l'ultima volta nella sua vita, Buck perse la ragione a causa delle emozioni.

В последний раз в жизни Бак поддался эмоциям и потерял рассудок.

Fu l'amore per John Thornton a spezzare il suo attento controllo.

Именно любовь к Джону Торнтону сломала его тщательный контроль.

Gli Yeehats ballavano attorno alla baita in legno di abete rosso distrutta.

Йихаты танцевали вокруг разрушенного елового домика.

Poi si udì un ruggito e una bestia sconosciuta si lanciò verso di loro.

Затем раздался рев — и на них бросился неизвестный зверь.

Era Buck: una furia in movimento, una tempesta vivente di vendetta.

Это был Бак — ярость в движении, живая буря мести.

Si gettò in mezzo a loro, folle di voglia di uccidere.

Он бросился в их гущу, обезумев от желания убивать.

Si lanciò contro il primo uomo, il capo Yeehat, e colpì nel segno.

Он прыгнул на первого человека, вождя Йихата, и нанес точный удар.

La sua gola era squarciata e il sangue schizzava a fiotti.

Его горло было разорвано, и кровь хлынула ручьем.

Buck non si fermò, ma con un balzo squarciò la gola dell'uomo successivo.

Бэк не остановился, а одним прыжком разорвал горло следующему человеку.

Era inarrestabile: squarciava, tagliava, non si fermava mai a riposare.

Его было не остановить — он разрывал, рубил, не останавливаясь для отдыха.

Si lanciò e balzò così velocemente che le loro frecce non riuscirono a toccarlo.

Он метался и прыгал так быстро, что их стрелы не могли его коснуться.

Gli Yeehats erano in preda al panico e alla confusione.

Йихаты были охвачены собственной паникой и замешательством.

Le loro frecce non colpirono Buck e si colpirono tra loro.

Их стрелы пролетели мимо Бэка и вместо этого попали друг в друга.

Un giovane scagliò una lancia contro Buck e colpì un altro uomo.

Один юноша метнул копье в Бэка и попал в другого мужчину.

La lancia gli trapassò il petto e la punta gli trafisse la schiena.

Копье вонзилось ему в грудь, а острие пробило спину.

Il terrore travolse gli Yeehats, che si diedero alla ritirata.

Ужас охватил Йихатов, и они обратились в бегство.

Urlarono allo Spirito Maligno e fuggirono nelle ombre della foresta.

Они закричали о Злом Духе и убежали в лесную тень.

Buck era davvero come un demone mentre inseguiva gli Yeehats.

Поистине, Бак был подобен демону, когда преследовал Йихатов.

Li inseguì attraverso la foresta, abbattendoli come cervi.

Он гнался за ними по лесу, сбивая их с ног, словно оленей.

Divenne un giorno di destino e terrore per gli spaventati Yeehats.

Для напуганных Йихатов этот день стал днем судьбы и ужаса.

Si dispersero sul territorio, fuggendo in ogni direzione.

Они рассеялись по стране, разбегаясь во всех направлениях.

Passò un'intera settimana prima che gli ultimi sopravvissuti si incontrassero in una valle.

Прошла целая неделя, прежде чем последние выжившие встретились в долине.

Solo allora contarono le perdite e raccontarono quanto accaduto.

Только тогда они подсчитали свои потери и рассказали о случившемся.

Buck, stanco dell'inseguimento, ritornò all'accampamento in rovina.

Бэк, устав от погони, вернулся в разрушенный лагерь.

Trovò Pete, ancora avvolto nelle coperte, ucciso nel primo attacco.

Он нашел Пита, все еще завернутого в одеяла, убитого в первой атаке.

I segni dell'ultima lotta di Thornton erano visibili nella terra lì vicino.

Следы последней борьбы Торнтона были обнаружены на земле неподалеку.

Buck seguì ogni traccia, annusando ogni segno fino al punto finale.

Бак следовал по каждому следу, обнюхивая каждую отметку до конечной точки.

Sul bordo di una profonda pozza trovò il fedele Skeet, immobile.

На краю глубокого пруда он нашел верного Скита, лежащего неподвижно.

La testa e le zampe anteriori di Skeet erano nell'acqua, immobili nella morte.

Голова и передние лапы Скита были в воде, они были неподвижны, словно мертвые.

La piscina era fangosa e contaminata dai liquidi di scarico delle chiuse.

Бассейн был грязным и загрязненным стоками из шлюзов.

La sua superficie torbida nascondeva ciò che si trovava sotto, ma Buck conosceva la verità.

Его облачная поверхность скрывала то, что находилось под ней, но Бак знал правду.

Seguì l'odore di Thornton nella piscina, ma non lo portò da nessun'altra parte.

Он проследил путь Торнтона до бассейна, но запах никуда больше не привел.

Non c'era alcun odore che provenisse, solo il silenzio dell'acqua profonda.

Никакого запаха, ведущего наружу, не было — только тишина глубокой воды.

Buck rimase tutto il giorno vicino alla piscina, camminando avanti e indietro per l'accampamento, addolorato.

Весь день Бак оставался возле пруда, расхаживая по лагерю в печали.

Vagava irrequieto o sedeva immobile, immerso nei suoi pensieri.

Он беспокойно бродил или сидел неподвижно, погруженный в тяжелые мысли.

Conosceva la morte, la fine della vita, la scomparsa di ogni movimento.

Он знал смерть, конец жизни, исчезновение всякого движения.

Capì che John Thornton se n'era andato e non sarebbe mai più tornato.

Он понял, что Джон Торнтон ушел и больше никогда не вернется.

La perdita lasciò in lui un vuoto che pulsava come la fame.

Потеря оставила в нем пустоту, которая пульсировала, словно голод.

Ma questa era una fame che il cibo non riusciva a placare, non importava quanto ne mangiasse.

Но этот голод еда не могла утолить, сколько бы он ни ел.

A volte, mentre guardava i cadaveri di Yeehats, il dolore si attenuava.

Иногда, когда он смотрел на мертвых Йихатов, боль утихала.

E poi dentro di lui nacque uno strano orgoglio, feroce e totale.

И тут в нем поднялась странная гордость, яростная и всеобъемлющая.

Aveva ucciso l'uomo, la preda più alta e pericolosa di tutte.

Он убил человека, самую высокую и опасную дичь из всех.

Aveva ucciso in violazione dell'antica legge del bastone e della zanna.

Он убил, нарушив древний закон дубинки и клыка.

Buck annusò i loro corpi senza vita, curioso e pensieroso.

Бак с любопытством и задумчивостью обнюхивал их безжизненные тела.

Erano morti così facilmente, molto più facilmente di un husky in combattimento.

Они погибли так легко — гораздо легче, чем хаски в драке.

Senza le armi non avrebbero avuto vera forza né avrebbero rappresentato una minaccia.

Без оружия они не имели настоящей силы или угрозы.

Buck non avrebbe più avuto paura di loro, a meno che non fossero stati armati.

Бак больше никогда не будет их бояться, если только они не будут вооружены.

Stava attento solo quando portavano clave, lance o frecce.

Он насторожился только тогда, когда они носили дубинки, копья или стрелы.

Calò la notte e la luna piena spuntò alta sopra le cime degli alberi.

Наступила ночь, и полная луна поднялась высоко над верхушками деревьев.

La pallida luce della luna avvolgeva la terra in un tenue e spettrale chiarore, come se fosse giorno.

Бледный свет луны заливал землю мягким, призрачным сиянием, словно днем.

Mentre la notte avanzava, Buck continuava a piangere presso la pozza silenziosa.

Ночь сгущалась, а Бак все еще скорбел у тихого пруда.

Poi si accorse di un diverso movimento nella foresta.

Затем он почувствовал какое-то движение в лесу.

L'agitazione non proveniva dagli Yeehats, ma da qualcosa di più antico e profondo.

Волнение исходило не от Йихатов, а от чего-то более древнего и глубокого.

Si alzò in piedi, drizzò le orecchie e tastò con attenzione la brezza con il naso.

Он встал, навострил уши и осторожно понюхал воздух.

Da lontano giunse un debole e acuto grido che squarciò il silenzio.

Откуда-то издалека раздался слабый, резкий вопль, нарушивший тишину.

Poi un coro di grida simili seguì subito dopo il primo.

Затем сразу же за первым раздался хор подобных криков.

Il suono si avvicinava sempre di più, diventando sempre più forte con il passare dei minuti.

Звук приближался, становясь громче с каждой минутой.

Buck conosceva quel grido: proveniva da quell'altro mondo nella sua memoria.

Бак знал этот крик — он пришел из другого мира в его памяти.

Si recò al centro dello spazio aperto e ascoltò attentamente.

Он вышел на середину открытого пространства и внимательно прислушался.

L'appello risuonò più forte che mai, più sentito e più potente che mai.

Раздался призыв, многозначительный и более мощный, чем когда-либо.

E ora, più che mai, Buck era pronto a rispondere alla sua chiamata.

И теперь, как никогда прежде, Бак был готов ответить на свой призыв.

John Thornton era morto e in lui non era rimasto alcun legame con l'uomo.

Джон Торнтон умер, и у него не осталось никакой связи с человеком.

L'uomo e tutte le pretese umane erano svaniti: era finalmente libero.

Человек и все человеческие права исчезли — он наконец-то был свободен.

Il branco di lupi era a caccia di carne, proprio come un tempo avevano fatto gli Yeehats.

Волчья стая гонялась за мясом, как когда-то Йихаты.

Avevano seguito le alci mentre scendevano dalle terre boscose.

Они преследовали лосей с лесистых земель.

Ora, selvaggi e affamati di prede, attraversarono la sua valle.

Теперь, дикие и жаждущие добычи, они вошли в его долину.

Giunsero nella radura illuminata dalla luna, scorrendo come acqua argentata.

Они вышли на залитую лунным светом поляну, струясь, словно серебряная вода.

Buck rimase immobile al centro, in attesa.

Бак стоял неподвижно в центре и ждал их.

La sua presenza calma e imponente lasciò il branco senza parole, tanto da farlo restare per un breve periodo in silenzio.

Его спокойное, внушительное присутствие ошеломило стаю и на короткое время воцарилась тишина.

Allora il lupo più audace gli saltò addosso senza esitazione.

И тогда самый смелый волк без колебаний прыгнул прямо на него.

Buck colpì rapidamente e spezzò il collo del lupo con un solo colpo.

Бэк нанес быстрый удар и одним ударом сломал волку шею.

Rimase di nuovo immobile mentre il lupo morente si contorceva dietro di lui.

Он снова замер, а умирающий волк извивался позади него.

Altri tre lupi attaccarono rapidamente, uno dopo l'altro.

Еще три волка быстро напали, один за другим.

Ognuno di loro si ritrasse sanguinante, con la gola o le spalle tagliate.

Каждый отступал, истекая кровью, с перерезанными горлами и плечами.

Ciò fu sufficiente a scatenare una carica selvaggia da parte dell'intero branco.

Этого было достаточно, чтобы спровоцировать дикую атаку всей стаи.

Si precipitarono tutti insieme, troppo impazienti e troppo ammassati per colpire bene.

Они бросились все вместе, слишком рьяные и тесные, чтобы нанести хороший удар.

La velocità e l'abilità di Buck gli permisero di anticipare l'attacco.

Скорость и мастерство Бака позволили ему опередить атаку.

Girò sulle zampe posteriori, schioccando i denti e colpendo in tutte le direzioni.

Он крутанулся на задних лапах, щелкая зубами и нанося удары во все стороны.

Ai lupi sembrò che la sua difesa non si fosse mai aperta o avesse vacillato.

Волкам показалось, что его защита так и не раскрылась и не дрогнула.

Si voltò e colpì così velocemente che non riuscirono a raggiungerlo alle spalle.

Он повернулся и нанес удар так быстро, что они не успели зайти ему за спину.

Ciononostante, il loro numero lo costrinse a cedere terreno e a ritirarsi.

Тем не менее, их численность вынудила его отступить.

Superò la piscina e scese nel letto roccioso del torrente.

Он прошел мимо бассейна и спустился в каменистое русло ручья.

Lì si imbatté in un ripido pendio di ghiaia e terra.

Там он наткнулся на крутой берег из гравия и грязи.

Si è infilato in un angolo scavato durante i vecchi scavi dei minatori.

Он втиснулся в угол, образовавшийся во время старых шахтерских работ.

Ora, protetto su tre lati, Buck si trovava di fronte solo al lupo frontale.

Теперь, защищенный с трех сторон, Бак столкнулся только с передним волком.

Lì rimase in attesa, pronto per la successiva ondata di assalto.

Там он замер, готовый к следующей волне нападения.

Buck mantenne la posizione con tanta ferocia che i lupi indietreggiarono.

Бак так яростно оборонялся, что волки отступили.

Dopo mezz'ora erano sfiniti e visibilmente sconfitti.

Через полчаса они были измотаны и явно побеждены.

Le loro lingue pendevano fuori e le loro zanne bianche brillavano alla luce della luna.

Их языки высунулись, белые клыки блестели в лунном свете.

Alcuni lupi si sdraiano, con la testa alzata e le orecchie dritte verso Buck.

Некоторые волки легли, подняв головы и навострив уши в сторону Бэка.

Altri rimasero immobili, attenti e osservarono ogni suo movimento.

Другие стояли неподвижно, настороженно следя за каждым его движением.

Qualcuno si avvicinò alla piscina e bevve l'acqua fredda.

Несколько человек подошли к бассейну и напились холодной воды.

Poi un lupo grigio, lungo e magro, si fece avanti furtivamente, con passo gentile.

Затем один длинный, поджарый серый волк осторожно подкрался вперед.

Buck lo riconobbe: era il fratello selvaggio di prima.

Бак узнал его — это был тот самый дикий брат, которого он видел раньше.

Il lupo grigio uggiolò dolcemente e Buck rispose con un guaito.

Серый волк тихонько заскулил, и Бак ответил ему скулением.

Si toccarono il naso, silenziosamente, senza timore o minaccia.

Они соприкоснулись носами, тихо, без угрозы или страха.

Poi venne un lupo più anziano, scarno e segnato dalle numerose battaglie.

Затем появился старый волк, изможденный и покрытый шрамами от множества сражений.

Buck cominciò a ringhiare, ma si fermò e annusò il naso del vecchio lupo.

Бэк начал рычать, но остановился и понюхал нос старого волка.

Il vecchio si sedette, alzò il naso e ululò alla luna.

Старый сел, поднял нос и завыл на луну.

Il resto del branco si sedette e si unì al lungo ululato.

Остальная часть стаи села и присоединилась к продолжительному вою.

E ora la chiamata giunse a Buck, inequivocabile e forte.

И вот теперь Баку дали зов, несомненный и сильный.

Si sedette, alzò la testa e ululò insieme agli altri.

Он сел, поднял голову и завыл вместе с остальными.

Quando l'ululato cessò, Buck uscì dal suo riparo roccioso.

Когда вой прекратился, Бак вышел из своего каменного убежища.

Il branco si strinse attorno a lui, annusando con gentilezza e cautela.

Стая сомкнулась вокруг него, обнюхивая его одновременно и дружелюбно, и настороженно.

Allora i capi lanciarono un grido e si precipitarono nella foresta.

Затем лидеры взвизгнули и бросились в лес.

Gli altri lupi li seguirono, guaendo in coro, selvaggi e veloci nella notte.

Остальные волки последовали за ними, визжа хором, дикие и быстрые в ночи.

Buck corse con loro, accanto al suo selvaggio fratello, ululando mentre correva.

Бэк бежал вместе с ними, рядом со своим диким братом, воя на бегу.

Qui la storia di Buck giunge al termine.

На этом история Бака, пожалуй, подходит к концу.

Negli anni a seguire, gli Yeehats notarono degli strani lupi.

В последующие годы Йихаты заметили странных волков.

Alcuni avevano la testa e il muso marroni e il petto bianco.

У некоторых голова и морда были коричневого цвета, а грудь — белая.

Ma ancora di più temevano la presenza di una figura spettrale tra i lupi.

Но еще больше они боялись призрачной фигуры среди волков.

Parlavano a bassa voce del Cane Fantasma, il capo del branco.

Они шепотом говорили о Псе-Призраке, вожаке стаи.

Questo Ghost Dog era più astuto del più audace cacciatore di Yeehat.

Этот Призрачный Пёс был хитрее самого смелого охотника на Йихатов.

Il cane fantasma rubava dagli accampamenti nel cuore dell'inverno e faceva a pezzi le loro trappole.

Призрачная собака воровала из лагерей глубокой зимой и разрывала капканы.

Il cane fantasma uccise i loro cani e sfuggì alle loro frecce senza lasciare traccia.

Призрачная собака убила их собак и бесследно избежала их стрел.

Perfino i guerrieri più coraggiosi avevano paura di affrontare questo spirito selvaggio.

Даже самые храбрые воины боялись столкнуться с этим диким духом.

No, la storia diventa ancora più oscura con il passare degli anni trascorsi nella natura selvaggia.

Нет, история становится еще мрачнее по мере того, как проходят годы в дикой природе.

Alcuni cacciatori scompaiono e non fanno più ritorno ai loro accampamenti lontani.

Некоторые охотники исчезают и больше не возвращаются в свои далекие лагеря.

Altri vengono trovati con la gola squarciata, uccisi nella neve.

Других находят убитыми в снегу с разорванными горлами.

Intorno ai loro corpi ci sono delle impronte più grandi di quelle che un lupo potrebbe mai lasciare.

Вокруг их тел видны следы — более длинные, чем мог бы оставить волк.

Ogni autunno, gli Yeehats seguono le tracce dell'alce.

Каждую осень Йихаты идут по следу лося.

Ma evitano una valle perché la paura è scolpita nel profondo del loro cuore.

Но они избегают одной долины, поскольку страх глубоко укоренился в их сердцах.

Si dice che la valle sia stata scelta dallo Spirito Maligno come sua dimora.

Говорят, что эту долину выбрал для своего жилища Злой Дух.

E quando la storia viene raccontata, alcune donne piangono accanto al fuoco.

И когда эта история рассказана, некоторые женщины плачут у огня.

Ma d'estate, c'è un visitatore che giunge in quella valle sacra e silenziosa.

Но летом в эту тихую священную долину приезжает один посетитель.

Gli Yeehats non lo conoscono e non potrebbero capirlo.

Йихаты не знают о нем и не могут понять.

Il lupo è un animale grandioso, ricoperto di gloria, come nessun altro della sua specie.

Волк — великий, окутанный славой, не похожий ни на одного другого из его вида.

Lui solo attraversa il bosco verde ed entra nella radura della foresta.

Он один выходит из зеленого леса и выходит на лесную поляну.

Lì, la polvere dorata contenuta nei sacchi di pelle d'alce si infiltra nel terreno.

Там золотая пыль из мешков из лосиной шкуры просачивается в почву.

L'erba e le foglie vecchie hanno nascosto il giallo del sole.

Трава и старые листья скрыли желтый цвет от солнца.

Qui il lupo resta in silenzio, pensando e ricordando.

Здесь волк стоит молча, размышляя и вспоминая.

Urla una volta sola, a lungo e lugubremente, prima di girarsi e andarsene.

Он воет один раз — долго и скорбно — прежде чем повернуться и уйти.

Ma non è sempre solo nella terra del freddo e della neve.

Однако он не всегда одинок в стране холода и снега.

Quando le lunghe notti invernali scendono sulle valli più basse.

Когда на нижние долины опускаются длинные зимние ночи.

Quando i lupi seguono la selvaggina attraverso il chiaro di luna e il gelo.

Когда волки преследуют дичь сквозь лунный свет и мороз.

Poi corre in testa al gruppo, saltando in alto e in modo selvaggio.

Затем он бежит во главе стаи, высоко и дико прыгая.

La sua figura svetta sulle altre, la sua gola risuona di canto.

Его фигура возвышается над остальными, его горло наполнено песней.

È il canto del mondo più giovane, la voce del branco.

Это песня молодого мира, голос стаи.

Canta mentre corre: forte, libero e per sempre selvaggio.

Он поет на бегу — сильный, свободный и вечно дикий.